AF555080

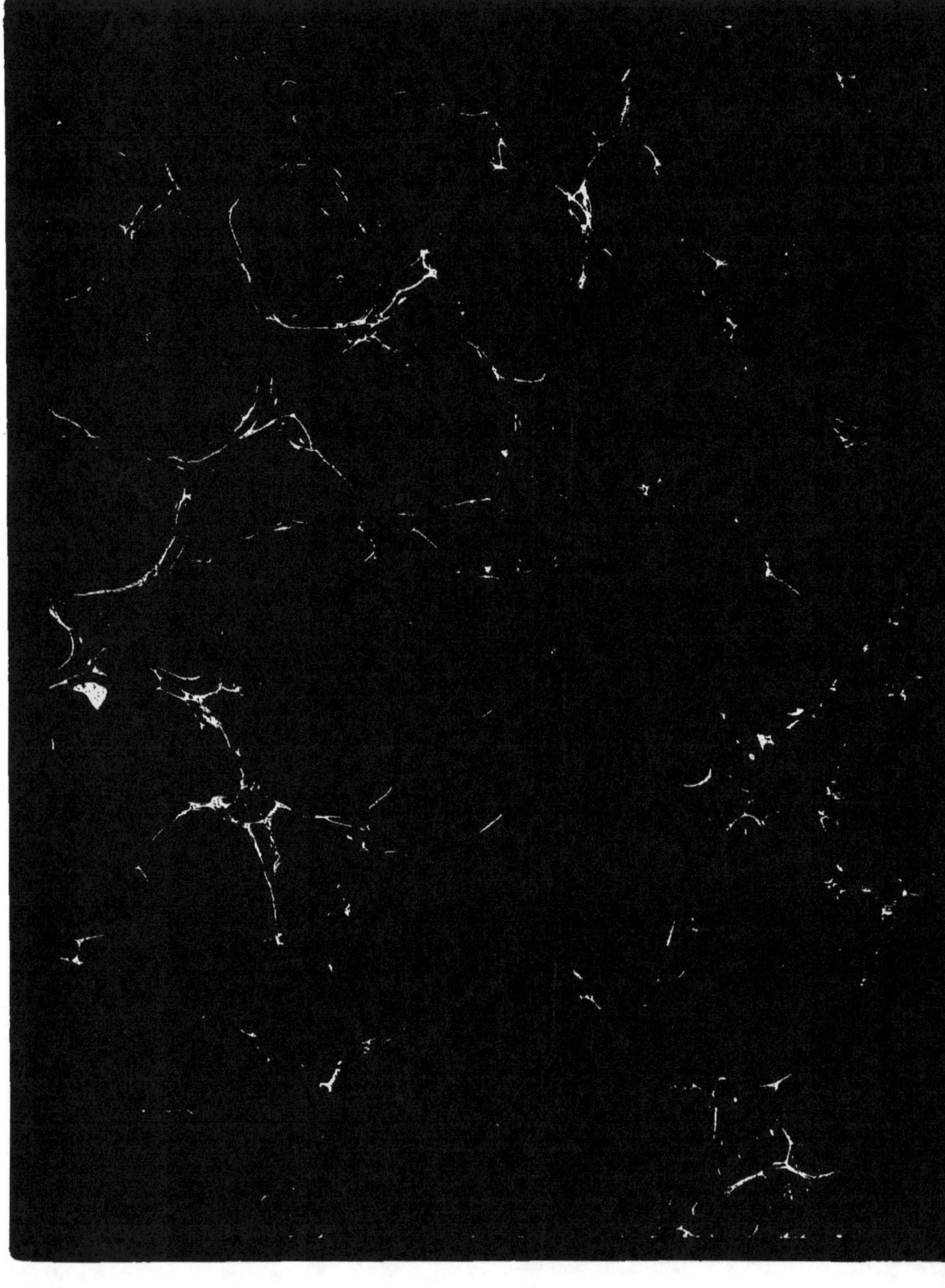

Lk 14/147

ABREGE' DU CAYER DES DELIBERATIONS DE L'ASSEMBLÉE GENERALE DES COMMUNAUTEZ DU PAYS DE PROVENCE,

BIBLIOTHÈQUE ROYALE

Convoquée à Lambesc au quatriéme Janvier 1733. pour commencer le lendemain cinquiéme, par autorité & permission de Monseigneur LEBRET, Chevalier, Comte de Selles, Seigneur de Pantin, Conseiller du Roy en ses Conseils d'Etat & Privé, Premier President du Parlement d'Aix, Intendant de Justice, Police & Finances en Provence, & Commandant pour Sa Majesté audit Pays ; Et assignée par le Mandement de Messieurs le Marquis de Graveson, Pazery Thorame, de Thomassin la Garde, & Isnardy, Procureurs du Pays.

A AIX,
Chez JOSEPH DAVID, Imprimeur-Libraire ordinaire du Roy, du Pays & de la Ville, au Roy David.

M DCC. XXXIII.

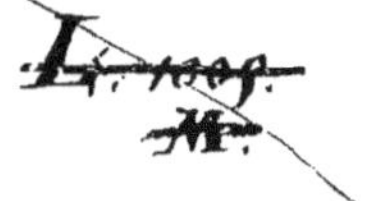

(a)

ABREGE' DU CAYER DES DÉLIBERATIONS DE L'ASSEMBLE'E GENERALE DES COMMUNAUTEZ DU PAYS DE PROVENCE.

Convoquée à Lambesc au quatriéme Janvier 1733. pour commencer le lendemain cinquiéme, par autorité & permission de Monseigneur LEBRET, *Chevalier, Comte de Selles, Seigneur de Pantin, Conseiller du Roy en ses Conseils d'Etat & Privé, Premier President du Parlement d'Aix, Intendant de Justice, Police & Finances en Provence, & Commandant pour Sa Majesté audit Pays : Et assignée par le Mandement de Messieurs le Marquis de Graveson, Pazery Thorame, de Thomassin la Garde, & Isnardy, Procureurs du Pays.*

Dudit jour 5e Janvier, du matin.

MONSEIGNEUR LEBRET, Chevalier, Comte de Selles, Seigneur de Pantin, Conseiller du Roy en ses Conseils d'Etat & Privé, Premier President du Parlement d'Aix, Intendant de Justice, Police & Finances en Provence, Commandant en Chef pour Sa Majesté audit Pays, a dit, &c.

Le Seigneur Archeveque d'Aix, Conseiller du Roy en tous ses Conseils, President aux Etats, premier Procureur du Pays Né, a dit, &c.

Mr Pazery, Seigneur de Thorame, Assesseur d'Aix, Procureur du Pays, a dit, &c.

Dudit jour 5. Janvier, de relevée.

Legitimation des Pouvoirs.

LEdit Sr Assesseur a dit, qu'il est de l'ordre de pareilles Assemblées, de sçavoir si tous les Sieurs Deputez sont arrivez, & s'ils ont remis au Greffe des Etats leurs pouvoirs en bonne forme.

Me Moricaud, Greffier des Etats, a dit, que tous les Sieurs Deputez des Communautez sont arrivez, à l'exception de celui de la Communauté de Trets, & que les Pouvoirs de tous les Srs Deputez sont dans les formes & sur le Bureau, excepté celui du Sr Consul du Martigues, qui a été remis à Mr l'Assesseur, attendu la contestation qu'il y a entre le Sr d'Estienne, premier Consul de cette Communauté, & le Sieur Jean-Joseph Vidal Consul en exercice pendant les quatre der-

Contention entre les Srs d'Estienne & Vidal Consuls du Martigues, sur l'assistance à l'Assemblée.

niers mois de l'année derniere, & porteur du Pouvoir de la Communauté, pour sçavoir qui des deux aura séance dans l'Assemblée.

Sur quoi Mr Pazeri Sgr de Thorame Assesseur a dit, que le Sr d'Estienne, premier Consul, fonde son droit sur ce qu'il est premier Consul de la Communauté, & que par le nouveau Reglement, qui veut que les Consuls commencent leur exercice au premier Janvier; le premier, qui assistoit ordinairement aux Assemblées, sera privé de cet honneur, attendu que la convocation de l'Assemblée se fait presque toûjours pendant l'exercice du plus jeune des Consuls. Le Sieur Vidal au contraire a dit, que le Reglement particulier de la Communauté du Martigues, de l'année 1671. autorisé par l'Assemblée, decide la question en sa faveur; & le Conseil de la Communauté l'a si bien reconnu, que le Pouvoir lui a été donné preferablement au premier Consul.

Aprês avoir été fait lecture des Deliberations du Conseil de la Communauté du Martigues de l'année 1671. de celle de l'Assemblée generale de la même année, qui ordonne qu'on s'y conformera, sans déroger aux Reglemens des Etats à l'égard des autres Communautez; comme aussi des Déliberations des 16. Decembre 1701. & 7. Juin 1717. où pareilles contestations furent *Déliberation.*

élevées ; & après avoir entendu les S^rs d'Estienne & Vidal, qui sont sortis, l'Assemblée a déliberé que le Sieur Vidal sera admis au serment, de même que les Sieurs autres Assistans, & opinera à son rang dans toutes les affaires qui seront proposées.

Lecture des Reglemens.

Ledit Sr Assesseur a dit, qu'il y a des Reglemens qu'on est obligé de lire avant que de faire aucune proposition.

Me Deregina Greffier des Etats, a fait la lecture des Reglemens pour la Messe chaque jour au nom du Saint Esprit, pour le serment de tenir les propositions secrettes, jusques à ce que la Déliberation soit prise, de ne pas reveler le détail des opinions, que les Sieurs Députez se trouveront aux Séances aux heures assignées. Il a été aussi procedé à la lecture de l'Arrêt du Conseil du dernier Mars 1635. contenant deffenses de faire aucuns dons ni gratifications, & du Reglement, portant, que dans les huit premiers jours de la tenuë de l'Assemblée, les Sieurs Députez remettront leurs Requêtes & demandes pour les réparations des Ponts & Chemins, à peine d'en être déchûs.

Après la lecture de ces Reglemens, tous les Assistans ont prêté le Serment accûtumé.

Du 6. dudit mois de Janvier, du matin.

Remiſſion des ordres du Roy pour le Don gratuit.

LE Seigneur Premier Preſident & Intendant a remis deux Lettres de Cachet, dattées de Verſailles du 4. Decembre dernier ; l'une adreſſée à Meſſieurs les Députez de l'Aſſemblée, & l'autre à Meſſieurs les Procureurs du Pays, leur faiſant ſçavoir que Sa Majeſté lui a adreſſé, en abſence de M. le Marêchal de Villars, Duc & Pair de France, Chevalier des Ordres du Roy & de la Toiſon d'Or, Gouverneur & Lieutenant General en Provence, les expeditions neceſſaires pour la convocation & tenuë de la preſente Aſſemblée generale des Communautez, pour y être pourvû aux affaires les plus preſſées, & principalement à la ſomme que Sa Majeſté deſire être levée ſur le Pays la preſente année, pour ſubvenir & ſatisfaire aux dépenſes auſquelles Sa Majeſté a été obligée l'année derniere : Ledit Seigneur Premier Preſident & Intendant a auſſi remis des Lettres Patentes, dattées de Verſailles du même jour 4. Decembre, à lui adreſſées, afin que par ladite Aſſemblée il ſoit pourvû à l'impoſition de la ſomme de ſept cent mille livres, ſur tous les contribuables dudit Pays, à l'exception des Villes de Marſeille, Arles & Terres adjacentes, cottiſées ſeparément par des Lettres particulieres. Sa Majeſté demande cette ſomme avec d'autant plus de confiance, qu'Elle eſt perſuadée d'un côté du zéle que les Habitans de ce Pays ont pour ſon ſervice, & qu'ils ſe porteront avec empreſſement à l'accorder; & d'ailleurs Sa Majeſté aura la bonté de continuer audit Pays la même remiſe d'une partie du Don gratuit, comme il a été pratiqué les années dernieres, ainſi qu'il conſte par les Arrêts du Conſeil qui ont été ſur ce expédiez. Il paroit par les mêmes Lettres Patentes, que ladite ſomme de ſept cent mille livres eſt deſtinée aux armemens de Mer, & payable aux termes & en la maniere qui a été ci-devant pratiquée; & les deniers en provenant portez par ceux qui en feront la recette ès mains du Treſorier des Galeres, ſur les Quittances du Treſor Royal.

Après la lecture qui a été faite des ſuſd. Lettres de Cachet & de la ſuſd. Commiſſion, ledit Sr Aſſeſſeur a dit, &c.

Déliberation. Sur quoi, l'Aſſemblée, ſans faire attention à l'épuiſement des forces du Pays, cauſé par tant de ſurcharges qui lui ſont impoſées, par le deffaut de recolte de toutes ſortes de grains & denrées depuis pluſieurs années, & par le ravage des eaux qui emportent annuellement une partie des fonds de quantité de Communautez, ne voulant ſuivre en cette occaſion que le mouvement de ſon zéle pour le ſervice du Roy, & continuer de donner

ner à Sa Majeſté des preuves de ſa prompte obéïſſance & de ſa parfaite ſoumiſſion à ſes volontez, a unanimément deliberé d'accorder les ſept cent mille livres qui lui ſont demandées de la part de Sa Majeſté pour le Don gratuit de la preſente année 1733. payable ladite ſomme en la forme & maniere accoûtumée, ſur les Quittances du Treſor Royal, bien & dûëment controllées, ſur leſquelles Meſſieurs les Procureurs du Pays expedieront leurs Mandemens aux formes ordinaires; & ſur les derniers payemens qui ſe feront deſdites ſept cent mille livres, il ſera déduit & compenſé la ſubſiſtance des Troupes d'Infanterie & Cavalerie qui pourroit avoir été fournie par les Communautez, ſoit en quartier fixe ou quartier d'aſſemblée : Et afin que Sa Majeſté ſoit bien-tôt informée de la prompte obéïſſance de l'Aſſemblée pour l'execution de ſes ordres, il a été deliberé de ſupplier ledit Seig^r Premier Prſident & Intendant de la faire valoir par ſes dépêches, qui ſeront portées avec celles de Meſſieurs les Procureurs du Pays, par un Courrier exprès, auquel il ſera payé par le Pays, la ſomme de mille livres, tant pour ſes peines & ſoins, que pour les frais de ſa courſe en allant & revenant.

Dudit jour 6. Janvier de relevée.

Lesd. Sieurs ne se sont point assemblez, s'étant occupez à faire leurs dépêches pour la Cour.

Du 7. dudit mois de Janvier, du matin.

Député de Trets arrivé.

ME. Deregina Greffier des Etats a dit, que le Sieur Martin Cadry, Avocat en la Cour, premier Consul & Député de la Communauté de Trets, est arrivé, & qu'il a remis son pouvoir au Greffe des Etats en bonne forme; & après avoir été admis au serment, ledit Sr Député a pris sa place.

Interêts des heritages occupés par le nouvel Arcenal des Galeres à Marseille, les fortifications d'Antibes, Toulon, Colmars & Seyne.

Le Seigneur Premier President & Intendant a dit, que par les Instructions qui lui ont été adressées de la part du Roy, il est obligé de faire mettre fonds pour le payement des interêts de la somme de vingt-deux mille deux cent cinquante-deux liv. 8. sols 6. den. à quoi monte le dédommagement des heritages pris pour la construction du nouvel Arcenal des Galeres à Marseille.

Pour ceux de la somme de dix-neuf mille deux cent cinquante-deux liv. 2. sols 6. den. dûë aux proprietaires des heritages compris dans les fortifications d'Antibes, jusqu'en l'année 1697.

Pour ceux de quatre mille huit cent quatre-vingt-quatre livres, pour d'autres heritages pris en 1701. pour les fortifications de la même Ville & de son Fort.

Pour ceux de quinze cent vingt-cinq livres 6. sols 8. den. aussi dûës pour d'autres heritages pris pour les fortificatitons de ladite Ville d'Antibes, jusqu'en 1704.

Pour ceux de trois mille neuf cent soixante-dix-huit livres, dûës pour les heritages occupez par la nouvelle Boulangerie de Toulon.

Pour ceux de ce qui reste à payer de la somme de cinquante-six mille deux cent quatre-vingt-deux livres 2. sols, qui étoit dûë aux proprietaires des heritages compris dans le Camp retranché sous Toulon.

Pour ceux de ce qui reste à payer des quarante-cinq mille livres, portées par la Transaction passée entre Messieurs les Procureurs du Pays, & les proprietaires des heritages compris dans les fortifications du nouveau projet de Toulon.

Pour ceux de dix-huit mille trois cent vingt livres 17. sols, dûës aux proprietaires des heritages compris dans les fortifications de Seyne.

Et pour ceux de dix-ſept mille cent trente-huit livres 6. ſols 4. den. pour les heritages compris dans les fortifications de Colmars.

Pour les interêts encore de la ſomme de trois mille deux cent deux livres, à quoi ont été eſtimées huit baſtides aux environs d'Antibes, dont le Roy avoit ordonné la démolition en 1713.

Pour ceux de trois cent quatre-vingt-une liv. 15. ſols dûës aux Demoiſelles Leon d'Antibes, pour le dommage cauſé à un terrein à elles appartenant, par les vagues de la mer, provenant du Mole que Sa Majeſté a fait faire pour couvrir le Port & en rétreſſir l'entrée.

Pour ceux de dix-huit cent trente-ſix livres 18. ſols 6. deniers, à quoi ont été réduites par le procès verbal du Sr Decolla ancien Aſſeſſeur, les deux mille deux cent quatre-vingt-ſeize liv. dûës au Sr Philibert, pour deux maiſons qui lui ont été priſes pour les fortifications d'Antibes.

Pour ceux de quatre mille cinquante-ſept liv. 10. ſols, à quoi a été réduite, par le procès verbal du Sr Graſſy, Conſul d'Aix, Procureur du Pays, du 15. Septembre 1730. la ſomme de cinq mille cent quarante-une liv. 1. ſol 2. den. demandée pour le dédommagement des terreins pris à plusieurs particuliers de Seyne, pour former un fossé de cinq toises de largeur autour de cette Ville; l'intention du Roy étant, que l'Assemblé fasse les fonds desdits interêts, pour être payez ausdits proprietaires, & qu'il en soit usé de même à l'égard de toutes les autres sommes ci-dessus mentionnées.

Solde de la Milice & subsistance particuliere des Compagnies de Cadets pou. 1733.

Il est aussi porté par les mêmes Instructions, que le Roy ayant par le Brevet arrêté en son Conseil le 8. Juin dernier, reglé les fonds des dépenses qui doivent être faites pendant la presente année 1733. tant pour la subsistance des Soldats de Milice, les frais de leur assemblée & autres dépenses qui les concernent, que pour la subsistance des Compagies de Cadets; l'intention de Sa Majesté est que l'Assemblée fasse l'imposition de la somme de vingt mille quarante-une liv. 2. s. que le Département de Provence doit suporter desdites dépenses, suivant l'Arrêt du Conseil du 10. dudit mois de Juin, expedié en consequence dudit Brevet; Sçavoir, de celle dix-huit mille six cent vingt-une liv. 4. sols 8. deniers pour la solde, subsistancce, frais d'assemblée & autres dépenses d'un Bataillon de Milice qui a été levé dans ledit Département, & pour la subsistance particuliere des Compagnies de Cadets; de celle de quatre cent soixante-cinq livres 10. sols 4. den. pour les six deniers pour livre ordonnez être levez par l'Article XXIII. de l'Ordonnance du 25. Fevrier 1726. & de celle de neuf cent cinquante-quatre livres 6. sols neuf deniers pour les frais de recouvrement, à raison d'un sol pour livre desdites sommes, lequel sera retenu & distribué entre les Collecteurs & autres Preposez particuliers & generaux, ainsi & de la maniere usitée audit pays; laquelle somme de vingt mille quarante-une livres deux sols sera payée par les contribuables aux Tailles, aux Collecteurs, qui en remettront le montant dans les mêmes termes que ceux des Tailles, ès mains des Receveurs particuliers des Villes dudit Département, lesquels en feront le payement ès mains du Tresorier Receveur general des Finances dudit Pays, pour être ladite somme par lui remise, déduction préalablement faite des frais de recouvrement ci-dessus, au Tresor Royal; & employée suivant les ordres de Sa Majesté.

Chemins.

Les mêmes Instructions portent aussi qu'il sera incessamment travaillé au rétablissement des Chemins, en sorte qu'ils soient en bon état.

Dettes du Pays, Commerce, & Manufactures.

Et finalement, que l'Assemblée donne une attention particuliere à l'acquittement des dettes du Pays; & à tout ce qui peut concerner le bien du Commerce & l'avantage des Manufactures.

Sur quoi Mr l'Asseſſeur a dit, qu'à l'égard des interêts de la ſomme de quatre mille cinquante-ſept livres dix ſols pour le dédommagement des terreins pris à pluſieurs particuliers de Seyne pour former un foſſé, & dont il fut dreſſé un Procès verbal par le Sr Graſſy Procureur du Pays, le 15. Septembre 1730. la derniere Aſſemblée ne trouva pas à propos d'impoſer pour l'acquittement de cette dette, attendu que le foſſé n'ayant pas été fait, & le projet des fortifications ayant reſté ſans execution, il ne dépendoit que de ces particuliers de joüir de leurs terreins; & ſur la connoiſſance que Mr le Marquis d'Asfelds, Directeur General des Fortifications, a eu de cette Deliberation, il a trouvé à propos que les particuliers joüiſſent de leurs terreins; & c'eſt apparemment par équivoque que cette même demande a été encore inſerée dans les inſtructions; cependant ces particuliers preſentent un nouveau Placet à l'Aſſemblée, pour avoir une indemnité de la non-joüiſſance de leurs fonds depuis le tems qu'ils avoient été marquez pour ſervir aux fortifications; tems auquel le Major de la Place en a joüi; comme auſſi de quelques déteriorations qui y ont été faites par l'abattement des murailles qui les ſéparoient.

Obſervations ſur aucuns des articles ci-deſſus.

Particuliers de Seyne, dont le terrein a été pris pour former un foſſé autour de la place.

Il y a un autre Placet preſenté par le Sr Thomas Iſoard, par lequel il renouvelle la demande de cinq cent livres qui fut faite à lad. derniere Aſ-

Demande du Sr Iſoard pour le dédommagement de deux étages

qui restent d'une maison, le surplus ayant été pris pour la construction d'une tour.

semblée, pour l'indemnité de deux étages d'une partie de maison, dont le restant a été pris pour la construction d'une Tour, & sur laquelle proposition la même Assemblée delibera de ne pas mettre fonds, attendu que cette demande n'étoit pas comprise dans les Instructions.

Deliberation.

Sur toutes lesquelles propositions, l'Assemblée a deliberé qu'il sera mis fonds ci-après pour les interêts de ce qui reste dû des sommes principales dont mention est faite ci-dessus, à raison de trois pour cent, concernant les heritages pris pour la construction du nouvel Arcenal des Galeres à Marseille ; pour ceux des fortifications de Seyne & de Colmars ; la nouvelle Boulangerie de Toulon ; des heritages compris dans le Camp retranché de Sainte Anne sous Toulon ; des fortifications d'Antibes & de son fort, des années 1697. 1701. & 1704. pour les interêts de la somme de trois mille deux cent liv. a quoi a été fixé le prix de huit Bastides aux environs d'Antibes, dont le Roy avoit ordonné la démolition en 1713. de celle de trois cent quatre-vingt-une liv. 15. sols dûë aux Demoiseilles Leon d'Antibes ; de celle de dix-huit cent trente-six liv. 18. sols 6. den. dûë au Sr Philibert, laquelle imposition ne sera faite que pour deux tiers des interêts desdites sommes, qui doivent être payez par le Pays, les Villes de Marseille, Arles & Terres adjacentes étant obli-

gées

gées de contribuer pour l'autre tiers.

Comme aussi l'Assemblée a déliberé qu'il sera imposé la somme de quatorze mille trois cent quatorze liv. 15. sols 3. denn. pour ce qui compete au Pays de celle de dix-neuf mille quatre-vingt-six liv. 15. sols 3. den. à laquelle monte la subsistance, frais d'Assemblée & autres dépenses du Bataillon de Milice, & la subsistance particuliere des Compagnies de Cadets pendant la presente année 1733. & les six deniers pour livre, laquelle somme sera payée sur la Quittance du Tresor Royal, & le Mandement de Messieurs les Procureurs du Pays ; & cependant il sera fait de très-humbles Remontrances à Sa Majesté, pour décharger le Pays de cette dépense : l'Assemblée n'ayant pas trouvé à propos d'avoir égard à la demande du Sieur Isoard, dont il a été débouté par la Déliberation de la derniere Assemblée ; & en ce qui est de l'indemnité demandée par les particliers de Seyne, des fonds qui étoient destinez pour le fossé & pendant le tems seulement que l'Etat Major en a jouy ; Sçavoir, depuis le tems qu'ils ont été marquez pour les fortifications, jusques au jour de la Lettre de M. le Marquis d'Asfelds, & non pour l'avenir, elle a donné pouvoir à Messieurs les Procureurs du Pays de la regler avec connoissance de cause, sans tirer à consequence, & quant aux deux derniers Articles

Article dans le Cayer des Remontrances.

le Sr Izoard.

Particuliers de Seyne.

BIBLIOTHEQUE ROYALE I

concernant la réparation des Ponts & Chemins, & l'acquittement des dettes du Pays, l'Assemblée a reservé d'en parler dans une autre séance, sur la connoissance qui lui en sera donnée.

Relation des principales affaires.

Mr Pazery, Seigneur de Thorame, Assesseur d'Aix, Procureur du Pays, a dit, que Messieurs ses Collegues & lui ayant eu l'honneur d'administrer les affaires du Pays pendant l'année derniere, il étoit de leur devoir d'en rendre compte à l'Assemblée, soit pour en obtenir la ratification; ou pour servir d'éclaircissement aux propositions qu'il sera obligé de faire; à quoi il a satisfait de la maniere suivante.

Passage en Provence de S. A. R. l'Infant Dom Carlos, à qui il a été rendu les mêmes honneurs qu'aux petits Fils de France.

M. Lebret, Conseiller d'Etat, Premier President, Intendant & Commandant en Provence, leur ayant fait l'honneur de leur communiquer les ordres qu'il avoit reçû du Roy, de faire rendre à S. A. R. l'Infant Dom Carlos les mêmes honneurs qu'aux petits Fils de France, lors de son passage dans la Province, pour se rendre à Antibes, & de là passer en Italie, il fut pris deux Déliberations particulieres, l'une le 18. Novembre 1731. par laquelle on députa le Sr de Thomassin la Garde Procureur du Pays, pour se rendre, avec l'Ingenieur de la Province, sur les lieux de la route où devoit passer ce Prince, y faire réparer les chemins par ceux qui en sont chargez, & pour averrir les Consuls de procurer l'abondance de tout ce qui seroit necessaire pour la suite de S. A. R. & par une autre du 28. il fut fait une députation de trois de Messieurs les Procureurs du Pays, des Officiers dudit Pays & de six Gentilhommes pour se rendre à Tarascon, y presenter les respects du Pays à son S. A. R. à son arrivée en Provence, & avoir l'honneur de l'accompagner jusques à son embarquement en la Ville d'Antibes, ce qui a été executé : Dans la suite les Communautez d'Antibes, de Frejus, de la Seyne & autres ont pretendu d'avoir fait des dépenses extraordinaires à cette occasion, dont elles ont demandé le remboursement au Pays ; celle d'Antibes ayant même presenté un Placet à M. le Comte de Saint Florentin : mais il leur a été répondu, qu'à l'égard des réparations faites aux Chemins, chacune de ces Communautez devoit y contribuer en la forme prescritte par l'Article XXIV. du Reglement de 1687. que quant à leurs fournitures, elles en avoient été remboursées par le payement que les Officiers de S. A. R. en avoient fait ; & que pour le logement, le Pays n'étoit pas en usage d'en faire le remboursement, suivant les Reglemens faits par les Assemblées ; ainsi ils n'ont pas crû devoir passer en liquidation aucune de ces dépenses.

De la perte qui s'est trouvée sur

Les precautions qui avoient été prises en l'année 1731. pour procurer l'abondance des grains, *les Bleds & autres grains achetez en 1731. pr produire & entretenir l'abondance.*

ou du moins en éviter la cherté, les ayant engagé à faire des amas dans la Ville de Marseille & autres endroits à portée de les distribuer aux Communautez du Pays, ainsi qu'ils eurent l'honneur d'en donner connoissance à la derniere Assemblée, qui aprouva tout ce qui avoit été fait, ayant produit tout l'effet qu'on pouvoit desirer, & les motifs qui les avoient déterminé à prendre ces précautions, ne subsistant plus, étant même à craindre que les grains amassez ne déperissent, il a été pris des Deliberations particulieres le 21. Novembre 1731. & le 5. Mars suivant, par lesquelles il fut déterminé de vendre au prix courant les bleds qui restoient en magasin; & dans la suite ayant entendu le compte des achats & ventes, & des frais qui se sont faits à cette occasion, par l'arrêté de ce compte du 19. Septemb. dern. il a été trouvé que la perte montoit à quinze mille cent cinquante-sept liures 2. sols, ce qui n'est pas un objet par raport à l'importance de l'entreprise & à l'avantage que le Pays en a retiré; cependant pour ne pas l'exposer à une pareille perte pendant le cours de l'année derniere, quoique la recolte ait été aussi sterile que lors de la precedente, on a eu recours à trois differentes precautions, l'une d'obtenir deux Arrêts du Conseil des 8. Juillet & 13. Septembre 1732. qui ont continué l'exemption de tous droits Royaux & Seigneuriaux sur le transport des grains, farines &

Precautions prises en 1732. pour éviter la perte sur les grains & la disette.

legumes des Provinces du Royaume en Provence, & sur ceux qui sont transportez de l'étranger dans les Ports de Provence. La seconde a été d'exciter les Negocians de la Ville de Marseille à faire des achats & des transports des grains de l'étranger en ce Pays à la faveur de ces Arrêts du Conseil. Et la troisiéme, d'avoir une attention toute particuliere qu'il ne soit fait aucuns amas par des Negocians, & que la disposition des Ordonnances sur la police du commerce des grains soit executée ; ce qui a produit jusques à present le même effet, que les amas des bleds qui avoient été faits en l'année 1731. pour le compte du Pays.

De l'opposition aux commandemens qui ont été faits à Mrs du Clergé & de la Noblesse, pour le payement de leur contingẽt du prix de l'abonnement desdroits imposés sur les Huiles & Savons.

Par la Deliberation qui fut prise dans la derniere Assemblée au sujet de la répartition de l'abonnement des impositions sur les Huiles & Savons, il fut determiné de faire faire des commandemens aux Sindics du Clergé & de la Noblesse pour payer leur contingent de cette repartition ; ces commandemens ont été faits, il y a été formé oposition ; ce qui engage le Pays à un procès de suite, qu'il auroit été, ce semble, convenable de ne pas entreprendre, ou de terminer par des conferences, qu'ils n'avoient pourtant pas le pouvoir de faire.

Des representations faites par quelques Com-

Par une autre Deliberation de la même Assemblée, il fut imposé cent livres par feu sur les Com-

munautez debitrices des anciẽs arrerages sur l'imposition de 100. l. par feu faite sur elles par la precedente Assemblée.

munautez debitrices des anciens arrerages des impositions, payables moitié au quartier d'Août & moitié au quartier de Novembre jusques à entier payement.

Les Communautez de Frejus, Draguignan, Yeres, le Martigues, Istres, St Paul lès Vence, Belgencier & autres, ont fait leurs representations sur cette imposition ; celle de Frejus les a portées à Son Eminence, les autres se sont bornées à leur presenter des memoires qui les renferment : mais comme d'un côté il n'est pas permis de suspendre la levée des impositions faites par les Assemblées generales ; que d'autre part le principal fondement de leurs plaintes est tiré de ce que ces Communautez étoient, suivant elles, surchargées par le precedent Affoüagement, & qu'ayant été soulagées par le dernier, ce soulagement donnoit à connoître qu'elles n'avoient pû suporter leurs impositions, & qu'elles devoient par consequent être dechargées des arrerages qui s'téoient formez par leur impuissance ; que ce fondement n'est pas legitime, parce que les nouveaux Affoüagemens n'ont pour objet que la cottisation des feux que les Communautez doivent suporter à l'avenir, & & ne portent pas leur effet sur le passé ; ils avoient crû que la derniere Deliberation devoit être executée dans toute son étenduë, avec d'autant plus de raison, qu'elle renfermoit un adoucissement à la levée de ces arrérages, qui étoit tout ce que ces Communautez pouvoient prétendre de plus favorable.

Affoüagement.

Du Procès verbal dressé par Mrs. les Procureurs du Pays, des chefs de plaintes des Communautez opposantes ou recourantes.

Sur les opositions & recours qui avoient été formez contre le nouvel Affoüagement, il fut deliberé par la derniere Assemblée, que toutes les Communautez qui avoient porté leurs plaintes, ou qui voudroient les porter, seroient tenuës de ce jour jusqu'au premier du mois de Mars lors prochain, d'en remettre les memoires à Messieurs les Procureurs du Pays, lesquels dresseroient un Etat des Communautez plaignantes, & de tous les chefs de plaintes qu'elles alleguent, pour en faire raport à cette Assemblée.

Plusieurs de ces Communautez se rendirent opposantes à cette Deliberation, il y en a vingt-trois qui par le ministere des Sieurs Redortier & Jourdan leurs procureurs, adresserent leurs Memoires à Son Eminence & à M. le Controlleur General, qui par leurs réponses, les renvoyerent à M. l'Archevêque & à M. Lebret, pour en prendre connoissance.

D'autres Communautez au nombre de trente, ont executé cette Deliberation, en leur presentant des Memoires qui contiennent leurs moyens de recours. Et d'autres, enfin, ont gardé le silence, & n'ont presenté aucun Memoire.

Comme M. Lebret, à qui les Memoires de partie de ces Communautez avoint été renvoyez, leur fit l'honneur de les leur communiquer, ils crurent devoir inviter les Sieurs Redortier & Jourdan d'exposer leurs raisons : en consequence ils ont dressé un Procès verbal de tous les chefs de plaintes, tant generaux que particuliers proposez par ces Communautez, dont ils auront l'honneur de faire le detail à l'Assemblée lors qu'il s'agira de prendre une Deliberation particuliere sur cette affaire.

De l'execution de la répartition du prix des réparations des ponts & chemins faite sur les Seigneurs Peagers, & sur les Communautez, corps des Vigueries en la forme du Reglement de 1687.

Ils eurent l'honneur de donner connoissance à la derniere Assemblée, de la repartition qu'ils avoient fait le 20. Juin 1731. sur les corps des Vigueries, les Communautez en particulier, & les Seigneurs Peagers, des depenses avancées par le Pays pour les reparations des Ponts & Chemins, en conformitè des Art, II. XXIV. & XXV. du Reglement de 1687.

Cette repartition fut authorisée par Deliberation du 14. Novembre 1731. laquelle ordonne qu'il sera laxé des exigats de ce qui est dû par les Seigneurs Peagers, jusques au concurrent des sommes portées par la repartition ; & quant à ce qui est dû par les Corps des Vigueries & par les Communautez

Communautez en particulier, la repartition seroit remise au Sr Gautier Tresorier des Etats, pour en faire l'exaction dans le cours de cinq années, en dix payemens égaux.

Cette Deliberation a été executée; il a été fait des exigats sur les Seigneurs Peagers; ils ont été avertis : mais aucun d'eux ne s'est rendu justice, ce qui formera tout autant de procès qui doivent être poursuivis.

A l'égard des corps des Vigueries & des Communautez, cette repartition a été mise en execution; il n'y a eu que la Communauté de Digne qui a fait des representations sur cette repartition.

Contingent de la Communauté de Digne, de la dépense faite au pont de Bleaune & aux chemins situez dans son terroir, réduit.

Cette Communauté y avoit été comprise pour la somme de vingt mille six cent cinquante liv. total de la depense faite par le Pays, tant au pont sur la riviere de Bleaune, qu'aux chemins situez dans son terroir; & cela par la raison que cette Communauté fait lever un droit de peage dans l'étenduë de son terroir, & qu'ainsi elle devoit être considerée à l'instar de tous les autres Seigneurs peagers qui sont obligez de faire construire, reparer & entretenir les ponts & chemins dans l'étenduë du distroit où ils levent un droit de peage : mais cette Communauté ayant representé que par une Transaction passée avec le Pays le 13. Juin

1682. en consequence de divers Arrêts interlocutoires, & Raports faits en execution de ces Arrêts, elle ne devoit payer que le tiers de la depense, & que le Pays devoit suporter l'excedent, il a été pris une Deliberation particuliere le 5. du mois d'Octobre dernier, par laquelle la portion de la depense faite au pont sur la riviere de Bleaune, qui doit être suportée par la Communauté, a été reduite au tiers, en conformité de la Transaction du 13. Juin 1682. & la repartition a été reformée en ce chef par des mandemens de retention.

Des demandes faites à la derniere Assemblée par la Communauté d'Antibes, sur la déduction du logement de la Compagnie du Fort quarré, le remboursement des ustenciles des Sergens & Officiers, & la contributiõ au creusage de son Port.

La Communauté d'Antibes presenta un Placet à la derniere Assemblée, qui renfermoit trois chefs de demandes; l'un que dans la liquidation de l'ustencile des Troupes, l'on ne deduisit plus comme autre fois celle de la Compagnie qui montoit la garde au Fort quarré: l'autre, que le Pays voulût contribuer au creusage de son Port; & le dernier, d'être remboursée de l'ustencile des Sergens & des Officiers à l'égal des autres Communautez du Pays; par la Deliberation qui fut prise, l'Assemblée eut égard au premier chef de demande, & en ce qui est des deux autres chefs, elle ne trouva pas à propos d'y statuer. Les motifs de cette determination furent que d'un côté la Communauté d'Antibes avoit introduit une instance devant la Cour des Comptes incompetemment &

contre les Reglemens du Pays, pour avoir une augmentation de taxation & liquidation des ustenciles dont cette Communauté devoit préalablement se departir; & que d'autre part ayant formé opposition à son foüage, sur le fondement d'un Privilege aneanti depuis plus de deux siecles, elle ne devoit pretendre aucune grace du Pays, dans le tems qu'elle élevoit contre lui des pretentions temeraires. Cette Communauté s'étant presentée pour la liquidation de la depense des Troupes, elle a renouvellé ces demandes: mais comme elle n'a pas fait cesser les motifs qui avoient determiné l'Assemblée; que d'ailleurs l'Assemblée n'avoit pas jugé à propos de lui accorder cette demande, ils ont crû devoir faire la liquidation des depenses des Troupes aux formes ordinaires, en suivant les regles qui avoient été observées dans les precedentes liquidations.

De la demande faite à la derniere Assemblée par la Communauté de Toulon, sur l'admission de 2. places aux Sergens, au lieu d'une.

La Communauté de Toulon porta de son côté la même plainte à la derniere Assemblée, sur la liquidation que l'on fait des Troupes de sa garnison, dans laquelle liquidation on ne passe les Sergens que pour une place, quoique les Ordonnances du Roy leur en accordent deux; & à l'occasion de cette plainte, sur laquelle l'Assemblée ne voulut pas statuer, il fut dit que Messieurs les Procureurs du Pays entreroient en connoissance de cause de l'emploi que la Communauté de Toulon faisoit annuellement des quatre mille livres qu'on lui passe en liquidation toutes les années pour la depense du creusage de son Port.

Cette connoissance a été prise, la liquidation a été faite aux formes ordinaires, & il doit être pris une Deliberation particuliere sur la maniere dont l'on en usera à l'avenir.

Port & Mole de Cassis.

Arrêt du Conseil par lequel le Roy veut bien contribuer au tiers de la depense.

La Communauté de Cassis ayant demandé à la derniere Assemblée, que le Pays voulût bien lui accorder quelque secours pour subvenir à la depense qu'il étoit à propos de faire pour l'élevation de son Mole & agrandissement de la jettée, dont la totalité devoit monter, suivant le Devis estimatif dressé par l'Ingenieur du Pays, à la somme de vingt-quatre mille livres, il fut deliberé que le Pays y contribueroit pour un tiers, pourvû qu'il plût au Roy d'y contribuer également pour un tiers, & la Communauté pour un autre tiers, & qu'elle seroit chargée des frais du creusage du Port, & de l'entretien des ouvrages à perpetuité.

En consequence de cette Deliberation, sur les remontrances qui ont été faites de la part du Pays & de la Communauté de Cassis, il a été obtenu un Arrêt du Conseil d'Etat le 8. Juillet 1732. par lequel Sa Majesté a accordé d'y contribuer pour un tiers ; & les encheres ont été ouvertes.

Depuis que le Bail de la Sous-ferme des droits de Controlle, Petit Scel, & Insinuations passé en faveur du Pays a été resilié, l'on n'a pas cessé de faire des remontrances pour obtenir que les arrerages échûs pendant le cours du Bail, fussent accordez au Pays, mais elles ont resté sans succès ; de sorte que les Communautez & les particuliers ont été poursuivis par les Sous-fermiers actuels pour les droits de Controlle & Insinuation ; ç'a été pour eux un champ vaste ; car il n'y a sorte de Deliberations & actes passez par les Communautez qu'ils n'ayent voulu soûmettre à ces droits. M[rs] les P[rs] du Pays ont, autant qu'il a été à leur possible, arrêté le cours des extensions que l'on vouloit faire, en distingant les Deliberations faites sur matiere qui concerne l'administration interieure de la Communauté, d'avec celles contenant élection des Officiers municipaux, ou qui renferment des obligations respectives avec des tierces personnes, & qui ont été reçûës par les Greffiers, en remplissant les fonctions de Notaire, ainsi qu'il est porté par les Arrêts du Conseil des 12. Octobre 1697. & 30. Decembre 1727. Mais comme l'application de la regle generale au cas particulier ne laisse pas de faire naître des doutes, ils ont fait leurs representations à M. le Controlleur General, sur plusieurs articles proposez, pour qu'il

Des representations faites sur les Deliberations des Communautez que le Fermier pretend assujettir à la formalité du Controlle.

eût la bonté de fixer la regle qui étoit à suivre ; cependant ces representations ayant été sans réponse, le delai accordé pour faire controller les Actes & Deliberations qui y étoient soûmises, étant au point d'expirer, plusieurs Communautez, à l'exemple de la Ville d'Aix, ont pris le parti d'abonner ces droits avec le Fermier ; ces abonnemens ne doivent pourtant pas empêcher qu'on ne poursuive toûjours un Reglement, qui distingue d'une maniere precise les Deliberations qui sont exemptes des droits de Controlle, d'avec celles qui y sont assujetties, pour que les Communautez ne tombent pas à l'avenir dans le même embarras auquel elles se sont trouvées par le passé.

PROCEZ.

Dans le cours de leur administration ils ont eu divers procès à soûtenir.

De la pretention du Fermier à soûmetre le Païs à la directe universelle, & à détruire le Frãc-Aleu.

De tous ces procès le plus important est celui qui lui a été intenté au sujet de la Directe universelle. Le Fermier du Domaine du Roy pretend que Sa Majesté a dans ce Pays la directe sur tous les fonds qui y sont enclavez, & qu'ainsi tous les proprietaires doivent reconnoître la mouvance de cette directe, à moins qu'ils ne justifient qu'ils relevent de la directe de quelque Seigneur particulier, ou du privilege de les posseder en franc-aleu, que la directe universelle ne peut être contestée à Sa Majesté, après qu'elle lui a été adjugée par un Jugement rendu par Meſſieurs les Commiſſaires du Domaine, le 5. Août 1687. & que le Pays l'a reconnu par l'acceptation de l'abonnement porté par l'Arrêt du Conſeil du 19. Juin 1691.

Le Pays, au contraire, pretend que de tout tems les fonds y ont été poſſedez comme libres & affranchis de toute directe; que c'eſt ici un Pays de Franc-Aleu d'origine & de nature, & qu'ainſi le Fermier doit raporter les Titres particuliers en vertu deſquels il pretend ſoûmettre les proprietaires d'en reconnoitre la mouvance de la directe de Sa Majeſté. Que le Jugement du 5. Août 1687. ne ſçauroit lui être un obſtacle, parce que l'apel qui en fut relevé au Conſeil de Sa Majeſté en a ſuſpendu l'effet : Que l'abonnement fait par l'Arrêt du Conſeil du 19. Juin 1691. n'eſt pas non-plus une reconnoiſſance que le Pays ſoit ſoûmis à la directe univerſelle de Sa Majeſté, parce que d'un côté cet abonnement n'a jamais été accepté purement & ſimplement, & que d'autre part, en le ſuppoſant accepté, il il doit être executé integralement, & par conſequent lui donner l'effet d'éteindre la directe.

Il ſeroit ſuperflu de rapeller ici en detail toutes les deffenſes qui ont été données de part & d'autres : l'on remarquera ſeulement que par la Deliration prise lors de l'Assemblée generale tenuë au mois de Janvier 1731. le Sr Gensollen pour lors Assesseur, fut chargé de continuer l'ouvrage qu'il avoit commencé sur le Franc-Aleu du Pays de Provence, de le mettre dans sa perfection & en état de servir à la deffense du Pays; que comme cet ouvrage démandoit une attention particuliere & un tems infini, il n'a pû être mis au jour que dans le mois de Mars 1732. que chacun l'a à present en main & est en état d'en connoître la solidité.

Cependant comme le principal point étoit de sçavoir quel ordre on donneroit à la procedure qui est à tenir, & quelles fins on prendroit pour conserver les droits du Pays dans leur entier, ils ont crû devoir consulter des plus habiles Avocats du Parlement de Paris & du Conseil pour examiner ce point; ils ont été d'avis que le fond de la question étoit sans difficulté pour le Pays; mais que l'Arrêt du Conseil du 19. Juin 1691. qui autorisoit l'abonnement, paroissoit au premier point de vûë avoir affoibli le droit du Pays, cependant qu'en le considerant de plus près, il devenoit indifferent, puisque par cet abonnement la pretention de la directe universelle étoit absolument éteinte; qu'ainsi en declarant vouloir suivre par obeïssance & par soûmission à la volonté du Roy, la Loy qui lui avoit été imposée par cet abonnement, on n'attaqueroit l'Arrêt du Conseil qu'à l'effet l'effet d'exclurre le Fermier du Domaine de la pretention qu'il a d'assujettir les proprietaires des fonds d'en reconnoître purement & simplement la mouvance de la directe universelle de Sa Majesté, & que les corps de Communautez fussent reçûs à passer une reconnoissance generale relative à cet abonnement.

Des differens qui sont entre le Pays & le Sieur Tornatory, ci-devant chargé de la recette du sixiéme denier.

Ils eurent l'honneur d'instruire la derniere Assemblée, du compte qui avoit été rendu par le Sr Tornatory, & du desir qu'ils avoient de terminer par une Transaction toutes les contestations qu'il avoit élevé, cette tentative a été faite plusieurs fois pendant le cours de l'année derniere, mais inutilement; de sorte qu'ils ont été obligez de se pourvoir pardevant M. l'Intendant, aux fins de faire condamner le Sr Tornatory aux dommages & interêts qu'il avoit causé au Pays, par l'inexecution de ses obligations; on avoit même, de concert avec lui, choisi des Avocats pour consulter sur le droit des Parties, dans l'esperance de detruire ces fausses préventions: mais ce dernier expedient n'a pas été plus heureux que les precedens, & il n'y a plus d'autre parti à prendre que de continuer les poursuites des fins qui ont été trouvées justes par la Consultation de ces Avocats.

Du deguerpissemēt de Nert & Pichauris.

Par la Deliberation prise dans la derniere Assemblée generale, il avoit été determiné, en conformité d'une Consultation, que le Pays ne pouvoit refuser d'accepter le deguerpissement offert par Mr d'Albertas premier President à la Cour des Comptes, des fonds roturiers qu'il possede dans l'étenduë du Fief de Ners & Pichauris, s'il remplissoit les conditions portées par cette Consultation, qui étoient de representer les Baux emphiteotiques passez par ses auteurs, pour constater la quantité des fonds roturiers qu'il vouloit deguerpir, & les droits Seigneuriaux ausquels ces fonds étoient soûmis : mais ces contidions n'ont pas été remplies de sa part; ainsi ils n'ont pû accepter ce deguerpissement, & Mr d'Albertas a demandé par un Memoire que jusques à ce qu'il eût representé ses titres, le foüage de ce Fief, qui est cottisé un quart de feu, fût diminué.

Des contestations entre les Srs Officiers en la Chancellerie & le Pays, au sujet des Lettres de benefice d'âge.

Les Sieurs Officiers de la Chancellerie près la Cour de Parlement, ayant élevé une contestation sur les Lettres de benefice d'âge, qu'ils pretendent devoir être levées en Chancellerie, dont le detail fut fait à l'Assemblée generale tenuë au mois de Janvier 1731. Cette contestation fut portée à Monseigneur le Garde des Sceaux, qui renvoya les Memoires à Mr le Procureur General pour y donner son avis : il a été fourni des nouveaux Memoires de part & d'autre; l'avis a été donné & envoyé. Ainsi ce procès est pleinement instruit, & l'on attend sa decision.

La Communauté de Tarascon se trouve attaquée au Conseil par celle de Beaucaire, qui pretend qu'une partie du terroir de Tarascon a été formé par les acremens delaissez par le Rhône, & qu'ils sont partie des Domaines de Sa Majesté en Languedoc : comme ce procès est très-interessant non-seulement pour la Ville de Tarascon, mais encore pour le Pays, puisqu'il a pour objet de tirer du Taillable de Tarascon trois differens quartiers de son terroir, dont les fonds sont compris dans son Cadastre depuis plusieurs siecles ; le Pays y est intervenu, non pas dans la vûë de contester la domanialité de ces fonds, mais pour faire valoir la possession immemoriale dans laquelle la Ville de Tarascon est de comprendre ces mêmes fonds dans son Cadastre ; à quoi le Roy a même interêt.

Du procès de la Communauté de Tarascon & le Pays, intervenant contre celle de Beaucaire.

Des particuliers de Barbentanne qui possedent des fonds dans les quartiers du grand & petit Mouton, ayant été attaquez par le Receveur du Domaine du Roy de ce Pays pour droits d'ensaisinement, le Receveur & Controlleur du Domaine du Roy dans le Languedoc, les firent assigner pardevant la Cour des Aydes de Montpelier ; Messieurs les Procureurs du Pays craignant les consequences de cette recherche, faite de la part du Receveur des Domaines du Languedoc, presenterent Requête à la Cour des Comptes de ce Pays

Du procès entre les Receveur & Controlleur des Domaines du Languedoc, & des particuliers de Barbentane, possesseurs de fonds dans les quartiers du grand & petits Mouton.

le 22. Decembre 1730. pour que ces particuliers fussent dechargez de l'assignation qui leur avoit été donnée pardevant la Cour des Aydes de Montpelier ; ce qui formoit un conflit : mais au lieu de poursuivre au Conseil ce conflit aux formes ordinaires, les Sindics des Etats du Languedoc presenterent un Memoire à M. le Controlleur General ; il y a été répondu, que l'infeodation des fonds possedez par ces particuliers ayant été faite par les Maîtres Rationnaux de Provence, representez par la Chambre des Comptes, ce ne pouvoit être que pardevant elle que les titres de ces particuliers devoient être representez, ainsi qu'ils l'avoient fait plus d'une fois ; cependant l'Agent du Pays leur a écrit que le fonds de la contestation avoit été renvoyé par un Arrêt du Conseil, à la Cour des Aydes de Montpelier.

Du procès de la Communauté de Barbentane, & les P. Chartreux de Villeneuve.

La Communauté de Barbentanne a souvent porté ses plaintes aux Assemblées generales, contre les Peres Chartreux de Villeneuve, de ce qu'ils ont fait faire des ouvrages sur le bord du Rhône, en maniere qu'ils en rejettent les eaux contre le terroir de Barbentanne, & ont causé des dommages très-considerables. Ces plaintes ont été soûtenuës par le Pays, & il a été rendu un Arrêt du Conseil le 5. Août dernier, par lequel, avant faire droit sur la Requête des Consuls & Communauté de Barbentanne, il est ordonné que par M.

Lebret & par M. de Saint Maurice, ou les Subdeleguez qu'ils pourront commettre, il sera procedé; sçavoir, par Mr de Saint Maurice, ou le Subdelegué qui sera par lui commis, à la verification des ouvrages construits par les Chartreux de Villeneuve dans la riviere du Rhône, & par M. Lebret, ou le Subdelegué qu'il commettra, à la verification du dommage que ces ouvrages peuvent avoir causé, ou pourroient causer dans la suite à la Communauté de Barbentanne, pour, sur les procès verbaux qui seront dressez en presence des Parties interessées, ou apellées, vûs & raportez au Conseil, être ordonné par Sa Majesté ce qu'il apartiendra, toute chose demeurant cependant en état, il sera question de deliberer si ces verifications doivent être faites au nom & aux frais de la Communauté de Barbentanne, ou du Pays.

Des contestations entre Mrs les Procureurs du Pays & Mrs les Tresoriers Generaux de France, au sujet de la descente faite par ces derniers sur le chemin de Marseille, à l'occasion de la perte d'un Mulet, faite par Jean Marcou.

Le chemin par où l'on va d'Aix à Marseille, ayant été inondé par les eaux dans le mois de Decembre 1731. le nommé Jean Marcou Muletier y ayant perdu un Mulet & sa charge, se pourvût pardevant les Tresoriers Generaux de France, contre le Pays, aux fins de le faire condamner à ses dommages & interêts.

Le Procureur du Roy de ce Bureau requit de son côté une descente sur le lieu, pour connoître les causes d'où procedoit le mauvais état de ce chemin, & les reparations qui étoient à faire; & enfin ce Bureau rendit une Ordonnance le 16. Janvier 1732. par laquelle il est porté qu'il sera fait sur ce chemin diverses reparations, & qu'il y seroit incessamment pourvû par Messieurs les Procureurs du Pays, sauf leur recours en tout ou en partie contre qui de droit, s'il y échoit; & à ces fins, que l'Ordonnance leur seroit signifiée.

Comme cette Ordonnance attente aux droits du Pays, qu'elle renferme une contravention aux Edits & Declarations de Sa Majesté, aux Arrêts du Conseil, à la Transaction passée entre le Bureau des Tresoriers Generaux de France, & le Pays, le dernier Decembre 1668. & qu'elle est enfin contraire à la disposition du Reglement du Pays de 1687. en ce qu'elle ordonne des reparations qui sont volontaires de la part du Pays, & qui ne peuvent être faites qu'en consequence des Deliberations des Assemblées generales; ils interpellerent par leur réponse le Procureur du Roy du Bureau, de se départir de cette Ordonnance: Et comme le Procureur du Roy ne leur communiqua aucun département, que d'autre part Marcou presenta un Placet à Monseig[r]. le Chancelier, qui renvoya cette affaire à M. Lebret; ils eurent l'honneur de lui presenter des Memoires contre cette Ordonnance; il a été rendu Arrêt du Conseil le 22. du mois d'Août dernier, par lequel il est ordonné que l'Arrêt du Conseil du 18. Août 1697. qui attribuoit à feu M. Lebret, la connoissance des contestations concernant pareille matiere, seroit executé selon sa forme & teneur ; & en consequence, l'instance particuliere est évoquée & renvoyée à M. Lebret, pour la juger en dernier ressort. Les Sieurs Tresoriers Generaux de France ont presenté un Memoire, par lequel ils declarent opposition contre cet Arrêt.

Du procès de la Communauté de la Pene d'Aubagne, & le Pays intervenant contre la Ville de Marseille.

Il y a depuis long-tems un procès pendant au Parlement, entre la Ville de Marseille & la Communauté de la Penne d'Aubagne, au sujet des limites de leurs Terroirs ; le Pays y a été appellé, & il y a pris des conclusions en faveur de la Communauté de la Penne d'Aubagne. Ce procès a été poursuivi, & il est intervenu un Raport le premier Decembre 1731. qui declare les fonds contentieux être du terroir de la Penne d'Aubagne ; il est à croire que ce Rapport mettra fin à ces contestations.

Du procès entre quelques particuliers originaires de Marseille, la Communauté des Pennes & Septemes & le Pays intervenant.

Le procès qui étoit pendant entre la Communauté des Pennes & Septemes, & la Ville de Marseille, pour raison des limites de leurs terroirs, dans lequel le Pays & plusieurs autres parties étoient en qualité, fut renvoyé à M. Lebret, & jugé le 31. Août 1726. en consequence de ce Jugement il fut fait un Procès verbal & Raport le 8.

Octobre 1728. qui declare les quartiers de Pierrefeu, Cadenet, Valon de Frese, la Bedoule être du terroir des Pennes & Septemes.

Quoique la Ville de Marseille ait declaré acquiescer à ce Raport, & que plusieurs des possesseurs des fonds de ces quartiers y ayent également acquiescé & payé la Taille aux Pennes, cependant quelques particuliers originaires de la Ville de Marseille, possesseurs des fonds enclavez dans ces mêmes quartiers, se sont pourvûs à la Cour des Comptes le 8. May dernier, pour faire ordonner qu'ils seroient exempts du payement de la Taille, sur le fondement d'un ancien privilege de l'année 1439. & cependant qu'il seroit surcis aux executions. Le Pays apellé au procès, a obtenu un Arrêt du mois de Juillet dernier, par lequel il est ordonné qu'il feroit poursuivi sur le fonds, & cependant que la Taille seroit payée.

De l'intervention du Pays au procès de la Communauté de Forcalquier contre les Artisans de ladite Ville, qui ont obtenu un Arrêt portant qu'il sera procedé à l'election d'un 3e. Consul.

Quoique suivant l'usage observé depuis un tems immemorial la Communauté de Forcalquier ne soit administrée que par deux Consuls, cependant les Artisans & autres du menu peuple ont pretendu aspirer à l'honneur du Consulat, & ont obtenu un Arrêt du Parlement le 28. Juin dernier, qui ordonne que la Communauté procedera annuellement à l'élection d'un troisiéme Consul.

Cette

Cette Communauté a fait consulter à Paris, & la Consultation porte qu'il n'y a que le Roy qui puisse ériger un troisiéme Consul, qu'ainsi cette Communauté est fondée à demander la révocation de cet Arrêt, que le Pays doit de son côté lui accorder son intervention ; c'est ce qui a été executé par Deliberation particuliere du 26. Août dernier.

De l'intervention accordée aux procès de la Dame de Gras Fuveau, des Sindics des créanciers du feu Sr Marquis de Simiane, & de la Communauté de Tarascon contre Mr le Marquis de Villeneuve, Mr le Marquis de Simiane, & la Communauté d'Arles.

L'intervention du Pays a été également accordée en trois differens procès importans pour les consequences. Un est celui d'entre la Dame de Gras heritiere par inventaire du feu Sieur de Fuveau, contre Mr le Marquis de Villeneuve, pendant au Conseil de Sa Majesté, où il est question de sçavoir si une instance generale peut être évoquée & portée aux Requêtes du Palais près le Parlement de Paris. L'autre est de la même nature, pendant aussi au Conseil, entre les Sindics des creanciers du feu Sr Marquis de Simiane, & le Sr Marquis de Simiane son fils & heritier : Et le troisiéme, enfin, entre la Communauté de Tarascon & celle d'Arles ; ce dernier a été renvoyé à des Juges d'attribution.

Du procès contre le Sieur du Blair qui s'est pourvû en cassa-

Le Pays étoit intervenu dans une instance pendante au Parlement, contre le Sr Dublair, Receveur du droit des Consignations, qui vouloit *tion de l'Arrêt du Parlement du 23. Juin 1724.*

étendre la perception de ces droits sur les ventes volontaires, qui sont faites par les debiteurs faillis ou discussionnez, avec le consentement des Sindics de leurs creanciers.

Par Arrêt rendu par la Cour de Parlement le 23. Juin 1724. le Sr Dublair fut debouté de cette pretention, & il se pourvût ensuite au Conseil en cassation de cet Arrêt ; cette instance a été reprise par le Sr Dublair fils ; ils ont fourni tous les memoires necessaires pour la deffense du Pays.

Du procès de la Communauté du Puy & St Canadet, contre le Sr Touche d'Aurons, & des adjudications raportées contre Jacquié & Gouiran.

Deux autres procès ont été terminez ; l'un que le Sr Touche d'Aurons avoit intenté contre la Communauté du Puy St Canadet, au sujet d'un chemin, moyenant deux cent livres : Et l'autre consistoit à quelques adjudications obtenuës par le Pays, contre Jacquié & Gouiran, pour contraventions commises au commerce des bleds, moyenant cinq cent livres.

Deliberation.

L'Assembée a aprouvé & ratifié tout ce qui a été fait par Messieurs les Procureurs du Pays, & les a remercié des soins qu'ils ont pris durant le cours de leur administration, & de leurs sages precautions pour procurer l'abondance des grains, ayant prié Monsieur l'Assesseur de reprendre dans une autre séance, les affaires qui meritent une deliberation plus expresse. L'Assemblée a encore renouvellé ses remercîmens au Seigneur Intendant, des bons offices qu'il a rendu audit Pays, & des avantages qu'il lui a procure dans le cours de l'année, & l'a prié de vouloir bien continuer des dispositions si favorables; elle a prié Messieurs les Procureurs du Pays d'écrire, au nom de l'Assemblé, à M. le Marêchal de Villars, & à M. le Marquis de Brancas, pour les remercier de leur protection, & les prier de les continuer.

Anciens arrerages dûs au Pays, sur lesquels la precedente Assemblée prit une deliberation portant imposition de 100. liv. par feu sur les Communautez debitrices, qui sera executée.

Led. Sr Assesseur a dit, que dans l'Assemblée generale du mois de Février 1731. sur la proposition qui fut faite de ce qu'il y avoit à faire au sujet des anciens arrerages d'impositions dûs au Pays par plusieurs Communautez, du tems que la caisse étoit en regie; il fut deliberé que ces anciens arrerages seroient payez par les Communautez qui en étoient redevables, avec pouvoir à Messieurs les Procureurs du Pays, de faire contraindre les Communautez qui seroient en état d'en faire le payement; de prendre des arrengemens pour faire payer en differens tems, & par portions, celles des Communautez qu'ils trouveroient les pouvoir payer autrement; & à l'égard de celles ausquelles ils jugeroient indispensable d'accorder une remise ou quittus, soit en total ou en partie, ils en dresseroient un état pour en rendre compte à l'Assemblée d'après, laquelle y statueroit sur le raport qui en seroit fait. En execution de cette deliberation, Messieurs les Procureurs du Pays examinerent pendant le cours de l'année 1731. la qualité & la cause de ces anciens arrerages, & n'ayant pas trouvé à propos de faire aucune distinction d'aucune Communauté, attendu que le plus ou le moins de ce dont elles restent debitrices, ne procede que de la bonne ou de la mauvaise volonté qu'elles ont eu de payer. Sur le raport qui en fut fait à la derniere Assemblée generale, on crut ne pouvoir faire mieux, & donner un plus grand soulagement à ces Communautez, que de fixer le montant desdits arrerages à la même somme qui se trouve determinée tant en principal qu'en interêts, & qui est portée par l'état arrêté en 1724. & qu'à commencer dans le courant de l'année 1732. les Communautez debitrices desdits arrerages, payeroient par forme d'imposition, cent livres par feu chaque année, jusques à entier payement des sommes dont elles sont redevables au Pays; en execution de cette deliberation, il a été dressé des états de ce qui compete à chaque Communauté, à proportion de son affoüagement, qui ont été remis au Sieur Gautier, & par lui à ses Commis Receveurs des Vigueries, pour en faire le recouvrement, aux termes & aux conditions portées par la même deliberation; & quelques plaintes qui leur soient revenuës de la part de ces Communautez; ils n'ont repondu autre chose, si ce n'est qu'étant abstraints à l'execution d'une deliberation de l'Assemblée qui avoit determiné ce recouvrement par forme d'imposition, ils ne pouvoient statuer sur leurs plaintes, sauf à cette assemblée d'y avoir égard. Ces Communautez ont pris des routes differentes; les unes se sont adressées en droiture à M. le Cardinal Ministre, qui a renvoyé les plaintes de ces Communautez à Messieurs les Procureurs du Pays, les autres ont formé des oppositions à l'execution de la Deliberation, & les dernieres se sont pourvûës à l'Assemblée par un Memoire qui contient toutes leurs raisons, & dont on est suffisamment instruit par la lecture que chaque Deputé peut en avoir fait, pour prendre une determination sur cette matiere; & après avoir discuté tous les faits contenus dans le Memoire de ces Communautez.

Deliberation.

L'Assemblée a deliberé que la Deliberation de la derniere Assemblée generale du 17. Novembre 1731. dans la Séance du 14. de relevée, au sujet du recouvrement des anciens arrerages, seroit executée selon sa forme & teneur.

Dudit jour 7e. Janvier de relevée.

De l'indemnité demandée par la Communauté d'Antibes, & autres, des

LEdit Sr Assesseur a dit, que la Communauté d'Antibes, & quelques autres Communautez sur la route depuis Tarascon, qui ont été obligées *dépenses qu'elles ont fait à l'occasion du passage de Dom Carlos.*

de faire quelques depenses à l'occasion du passage de S. A. Royale l'Infant Dom Carlos, ont presenté un Placet à l'Assemblée, pour demander le remboursement de celle qu'elles ont fait à cette occasion. Pour juger du merite de leur pretention, il est à remarquer que ces depenses sont de trois especes : la premiere consiste aux réparations que ces Communautez ont été obligées de faire aux chemins pour les rendre plus roulans & plus praticables ; la seconde est des Fêtes, Arcs de Triomphes, armemens des quartiers pour recevoir le Prince le plus honorablement qu'il se pouvoit ; & la troisiéme espece de depense consiste en la perte que ces Communautez ont fait par le deffaut de consommation des provisions de bouche, de gibier & de fourrage qu'elles avoient fait pour procurer l'abondance ; & cela sous la foi des ordres de M[rs] les Commandans & de M[rs] les Procur[rs] du Pays ; le peu de sejour que la suite du Prince a fait dans ces lieux ne leur ayant pas permis de consommer les provisions abondantes qu'elles avoient fait ; ce qui est aisé à justifier sur les comptes de leurs Tresoriers : Il doit même remarquer que la Communauté d'Antibes doit être traitée avec quelque distinction, supposé que l'Assemblée ait égard à cette demande, parce qu'elle a été obligée de faire une plus grande provision de fourrage & de toutes les autres choses necessaires à la vie, attendu l'incertitude où l'on étoit du sejour que le Prince feroit en cette Ville, en atttendant le tems favorable pour son embarquement ; & qu'elle a été obligée de tirer les provisions des Communautez voisines, n'y ayant pas dans le lieu, du fourrage, parce que ce n'est pas un lieu de passage ; surquoi il est bon de faire remarquer à l'Assemblée, que les ordres qui avoient été donnez à ces Communautez, étoient de ne rien fournir aux gens de la suite du Prince qu'en payant ; & sur la taxe qui en étoit faite par le Grand Prevôt, & que dans pareilles occasions le Pays n'a pas remboursé ces sortes de depenses.

Deliberation.

Sur quoi l'Assemblée n'a pas trouvé à propos de rembourser ces sortes de dépenses, attendu les consequences, & sur la representation qui a été faite par le Consul de Grasse, que sa Communauté seroit peut-être obligée d'entrer en contestation avec celle d'Antibes, à l'occasion des fourrages que la Communauté de Grasse a fourni à celle d'Antibes ; l'Assemblée a prié le Seigneur Evêque de Grasse, de se rendre le mediateur de ces deux Communautez, afin qu'elles n'entrent pas en procès.

Du deguerpissement de Ners & Pichauris.

Ledit Sieur Assesseur a dit qu'il a deja fait mention dans sa relation de la pretention de Mr d'Albertas, Premier President en la Cour des Comptes, au sujet du deguerpissement qu'il demande par la Requête qu'il a presenté à la Cour des Comptes, Aydes & finances, le 24. Janvier 1731. des biens roturiers qu'il possede dans sa terre de Ners & Pichauris, qui a été affoüagée un quart de feu, dont il demande d'être dechargé; & de la consultation qui a été faite à ce sujet, dont il fut fait mention dans le Cayer de la derniere Assemblée, sur quoi il paroit qu'il y a trois differens partis à prendre; le premier, de passer une transaction avec Monsieur d'Albertas, par laquelle le foüage soit reduit pour l'avenir, à un huitiéme de feu; le second, de renvoyer la diminution du foüage, avec l'examen de toutes les Communautez plaignantes de leur foüage; & le troisiéme, d'attendre que Monsieur d'Albertas ait produit les titres en vertu desquels il pretend prouver la nobilité de son fief, & la consistance des fonds roturiers qu'il entend deguerpir.

Deliberation.

Sur laquelle proposition l'Assemblée a deliberé de renvoyer cette affaire à Messieurs les Procureurs du Pays pour la terminer, soit par transaction ou autrement, au plus grand avantage du Pays.

Affoüagement.

Plaintes des Cõmunautez qui persistent à leurs recours & oposi.

Ledit Sieur Assesseur a dit qu'il a eu l'honneur d'exposer à l'Assemblée les plaintes qui avoient été portées contre le nouvel affoüagement, & que par deliberation prise par la derniere Assemblée

ſemblée generale, il fut determiné que toutes les Communautez qui vouloient alors, ou voudroient à l'avenir ſe plaindre de leur affoüagement, ſeroient tenuës de remettre dès lors, & juſques au premier du mois de Mars, lors prochain, leurs memoires des plaintes, à Meſſieurs les Procureurs du Pays, leſquels dreſſeroient un état des Communautez plaignantes, & de tous les chefs de plaintes par elles alleguez, pour en rendre compte à cette Aſſemblée qui y ſtatueroit, ainſi qu'elle verroit bon être.

tions dont il a été dreſſé un procès verbal.

Toutes les Communautez plaignantes paroiſſoient ſe flater; les unes, que la derniere Aſſemblée generale ſtatueroit ſur leurs plaintes, à connoiſſance de cauſe, & après avoir examiné les memoires qu'elles avoient fourni; les autres que l'Aſſemblée, ne voulant pas prendre connoiſſance par elle-même du détail de leurs plaintes, elle commettroit des nouveaux Commiſſaires pour les examiner, acceder ſur les lieux, & donner leur avis.

Cette deliberation n'ayant pas repondu à leur attente, elles crurent que l'objet de l'Aſſemblée n'étoit autre que de les renvoyer inſenſiblement d'une année à l'autre, & les engager par là à ſe deſiſter de leurs plaintes par les difficultez qu'elles trouveroient à les faire valoir; la plûpart d'entr'elles ſe rendirent oppoſantes à cette deliberation,

& prirent même à partie, les deputez qui avoient opiné.

L'Assemblée ayant fini ses séances, les Srs Redortier & Jourdan, Procureurs de vingt-trois de ces Communautez, porterent les plaintes de ces Communautez, à son Eminence, & à M. le Controlleur general, contre cette deliberation, & leur demanderent la permission de se pourvoir au Conseil Royal des Finances, pour y faire valoir leurs plaintes, & de mander même des Commissaires pour les examiner sur les lieux.

Les Memoites qu'ils presenterent, furent renvoyez à M. l'Archevêque & à M. Lebret.

D'autres Communautez, au nombre de trente, executerent cette deliberation, & remirent à M^rs les Procureurs du Pays, leurs memoires contenant tous les chefs de plaintes qu'elles alleguent; d'autres enfin, au nombre de vingt-six n'ont fourni aucun memoire, ni porté leurs plaintes au Conseil du Roy, ce qui donne lieu de presumer qu'elles s'en sont desistées, dans la crainte que par l'examen qui en seroit fait, on ne reconnût que loin que leur cottisation dût être diminuée, elle devroit au contraire être augmentée.

Dans ces circonstances, on n'a eu d'autre parti

à prendre que celui de rediger dans un Procès verbal toutes les plaintes generales & particulieres de ces diverſes Communautez, pour que l'Aſſemblée fût en état de prendre un parti convenable pour étouffer ces diverſes plaintes, & parvenir à faire authoriſer l'Affoüagement.

Pour remplir cet objet, ils ont crû devoir renfermer dans leur procès verbal les plaintes de toutes les Communautez; voici l'ordre qui a été obſervé.

On a commencé par y faire un dénombrement de toutes les Communautez plaignantes de l'Affoüagement, qu'on a trouvé ſe monter au nombre de ſoixante-dix-huit.

On a enſuite expoſé les chefs generaux de toutes ces plaintes, qu'on a trouvé conſiſter à onze.

Les griefs generaux expoſez, l'on a crû que pour en faire connoître la juſtice ou l'injuſtice, l'on devoit donner une connoiſſance des principes ſur leſquels le Bureau de Direction avoit operé.

On a enſuite obſervé le nombre des Communautez qui n'ont fourni aucuns memoires, qui n'ont pas parû depuis leur oppoſition, & ſur leſquelles on a pourtant fait des obſervations, elles ſont au nombre de vingt-ſix.

Et après avoir fait le detail de tout ce qui eſt contenu dans le procès verbal qui a été dreſſé, il a requis l'Aſſemblée d'y deliberer.

Deliberation. L'Aſſemblée a renvoyé la connoiſſance de ces plaintes à un Bureau de Commiſſaires, où preſidera le Seigneur Archevêque d'Aix, composé des Seig[rs] Evêques de Riez & de Graſſe, Procureurs joints pour le Clergé, de Mrs de Glandevez & de Valbelle, Procureurs joints pour la Nobleſſe, de Mrs. les Conſuls d'Aix, Procureurs du Pays, & des Sieurs Gaſſaud & Reguis, Deputez des Communautez de Forcalquier & de Siſteron, & des autres Officiers du Pays, pour y être pourvû ſur la diminution ou augmentation du Foüage des cinquante-trois Communautez compriſes dans le Procès verbal ſeulement, s'il y échoit; avec pouvoir d'envoyer des Commiſſaires ſur les lieux pour éclaircir les faits qui pourront être conteſtez, ſi ledit Bureau le juge ainſi à propos; & après y avoir été ſtatué, Sa Majeſté ſera ſupliée par Meſſieurs les Procureurs du Pays, de confirmer par un Arrêt du Conſeil, ou Lettres Patentes, qui impoſe ſilence à toutes les Communautez, l'Affoüagement en l'état qu'il aura été conſtaté & fixé par leſdits Commiſſaires, auſquels l'Aſſemblée donne pouvoir de travailler, même en abſence de quelques-uns, au cas que leurs affaires ne leur permiſſent pas de s'y trouver.

Ledit Sieur Assesseur a dit qu'il est fait mention dans le Cayer des Assemblées precedentes, de la demande de la Communauté de Vence, qui a fourni ûn memoire contenant les raisons qu'elle a de vouloir entrer dans la Viguerie de Saint Paul, & sortir de celle de Grasse, lequel a été debatu par une consultation que les Communautez de la Viguerie de Grasse ont raporté; c'est à l'Assemblée à y statuer. Les raisons de la Communauté de Vence sont, premierement, la proximité du lieu de Saint Paul, chef de Viguerie. 2°. Qu'elle se trouve enclavée parmi plusieurs Communautez de la Viguerie de Saint Paul. 3°. Le risque de faire porter l'argent de la recette au chef Lieu de la Viguerie de Grasse, à l'écheance des quartiers. 4°. Elle est obligée de contribuer aux milices de la même Viguerie de St Paul, pour les lignes dans les tems de calâmité; après avoir deduit les raisons contraires de la Viguerie de Grasse, ledit Sieur Assesseur a requis l'Assemblée d'y statuer.

De la demande de la Communauté de Vence, d'être mise dans la Viguerie de S. Paul, au lieu de celle de Grasse.

Sur quoi l'Assemblée ayant entendu le Sieur Deputé de la Communauté de Grasse, qui n'a pas voulu consentir au changement demandé par la Communauté de Vence, & celui de la Communauté de Saint Paul, qui a representé qu'il étoit très-indifferent pour la Viguerie de Saint Paul d'avoir parmi les Communautez de sa Viguerie, celle de Vence, a debouté cette derniere de sa pretention.

Deliberation.

Du 8. dudit mois de Janvier, du matin.

De la demande des Communautez de Grasse Toulon & S. Remy, d'être reçûës à proposer leurs plaintes contre l'Affoüagement.

LEdit Sieur Assesseur a dit que les Sieurs Consuls des Communautez de Grasse, Toulon & Saint. Remy, demandent à l'Assemblée que leurs Communautez soient reçûës à proposer leurs plaintes contre l'Affoüagement, & jointes aux cinquante-trois Communautez qui avoient remis leurs memoires avant le mois de Mars de l'année derniere, & comprises dans le procès verbal qui a été dressé par Messieurs les Procureurs du Pays, qui doit être raporté à l'Assemblée de Messieurs les Commissaires deputez.

Deliberation.

Sur quoi l'Assemblée a deliberé unanimement de debouter ces Communautez de leur pretention.

Des contestations entre Mrs les Procureurs du Pays & Mrs les Tresoriers Generaux de France, au sujet de la descente par eux faite sur le chemin de Marseille.

Ledit Sieur Assesseur a dit qu'il a fait mention dans sa relation des contestations qu'il y a entre Messieurs les Procureurs du Pays, & Messieurs les Tresoriers Generaux de France, au sujet de la descente que ces derniers ont fait au chemin de Marseille, sur lesquelles contestations il est intervenu un Arrêt du Conseil qui renvoit la connoissance de cette affaire à M. l'Intendant, en conformité de ce qui avoit été pratiqué en 1697. dans lequel tems la connoissance des ponts & chemins fut renvoyée à feu M. Lebret, pere; Messieurs les

Treſoriers de France, allarmez de cet Arrêt, ſe ſont pourvûs au Conſeil pour le faire revoquer; ſur quoi il eſt à remarquer que par tranſaction paſſée en 1668. entre le Pays & Meſſieurs les Treſoriers de France, il eſt reglé ce qui eſt de la juriſdiction de ces derniers, & ce qui eſt de la direction de Meſſieurs les Procureurs du Pays; auſſi ſi Meſſieurs les Treſoriers de France s'en tenoient à l'execution de cette tranſaction, il n'y auroit pas lieu de ſe plaindre, ni de porter dans un autre Tribunal, les conteſtations au ſujet des ponts & chemins, ainſi l'Aſſemblée doit prendre une determination: ſçavoir; ſi elle veut ſe pourvoir pour obtenir que la connoiſſance de ces matieres ſoit renvoyée à M. l'Intendant, par un Arrêt du Conſeil, ainſi qu'il fut pratiqué en 1697. & en 1727. ou bien s'il conviendroit mieux de conferer avec Meſſieurs les Treſoriers Generaux de France, pour qu'ils euſſent à ſe conformer à la tranſaction de 1668. qui a été confirmée par une Declaration de l'année 1704.

Deliberation.

L'Aſſemblée a donné pouvoir à Meſſieurs les Procureurs du Pays, de conferer avec Meſſieurs les Treſoriers Generaux de France, pour les engager à reparer les contraventions qui ont été faites contre la tranſaction de l'année 1668. & le Reglement du Pays de l'année 1687. & au cas que Meſſieurs les Treſoriers de France ne veüillent pas se rendre justice, Messieurs les Procureurs du Pays demanderont un Arrêt du Conseil pour l'attribution de toutes les matieres concernant les ponts & chemins, à M. le Premier President & Intendant.

Barbentane.

Demande d'un secours pour fournir aux frais des procedures qu'elle doit faire contre les P. Chartreux de Villeneuve.

Ledit Sieur Assesseur a dit que la Communauté de Barbentane ayant obtenu en l'année 1730. que le Pays prendroit son fait & cause au procès que cette Cōmunauté a contre les Peres Chartreux de Villeneuve, au sujet des ouvrages que ces derniers ont fait dans le lit du Rhône, & qui lui emporte une partie de son terroir, il est intervenu un Arrêt du Conseil, portant que par Mr de Saint Maurice Intendant du Languedoc, ou le Subdelegué qu'il commettra, il sera fait rapport des ouvrages construits par les Peres Chartreux dans le lit du Rhône, & par M. Lebret ou son Subdelegué, il sera dressé procès verbal des dommages causez & à causer à l'avenir par lesdits ouvrages, à la Communauté de Barbentane, pour lesdits Procès verbaux raportez au Conseil, être statué sur ledit Procès. Comme la Communauté de Barbentane n'est pas en état de faire les frais de cette procedure, elle demande que le Pays lui prête secours, ainsi qu'il s'y est engagé par la Deliberation de l'Assemblée de 1730.

Deliberation.

Sur quoi l'Assemblée a renvoyé la demande de la Communauté de Barbentane à Messieurs les Procureurs

Procureurs du Pays, pour fournir à ladite Communauté les secours dont elle a besoin pour la poursuite dudit procès.

Les Sieurs Bermond & Leclerc, Maîtres Chirurgiens, éleves du feu Sieur Collot, pour l'operation de la Taille.

Gratification annuelle.

Ledit Sieur Assesseur a dit, que le Sr Bermond Maître Chirurgien de la Ville d'Aix, qui avoit été donné pour éleve au Sr Collot pour l'operation de la taille, ayant quitté les operations de la Chirurgie pour s'adonner entierement à cette operation, demande à l'Assemblée une gratification annuelle, sous l'offre qu'il fait de faire des éleves, de donner des leçons à ces mêmes éleves, de faire les operations aux pauvres gratis, & de regler celles de ceux qui peuvent suporter la dépense à cent livres, & autres conditions contenuës dans son Memoire; sur quoi il est à remarquer, que le Sr Leclerc, autre éleve du Sr Collot, dit qu'il ne seroit pas juste de donner plus de preference au Sr Bermond, & que là où l'Assemblée acceptera les offres du Sr Bermond, il est en état de faire les mêmes avantages que lui; ce qui produiroit entre ces deux éleves du feu Sr Collot une émulation dont le public tireroit avantage.

Deliberation.

Sur quoi l'Assemblée a deliberé qu'il sera donné une gratification annuelle ausd. Sieurs Bermond & Leclerc de trois cent livres à chacun, avec pouvoir à Messieurs les Procureurs du Pays de regler les conditions & les precautions qu'il convient aux interêts du Pays de prendre pour obliger ces deux Chirurgiens à se perfectionner dans cette operation, à faire des éleves qui puissent un jour les remplacer.

Le Sieur Silvy.

Manufacture de Draps & Camelots au Martigues.

Ledit Sieur Assesseur a dit, que l'Assemblée generale de l'année 1724. & celle de l'année 1725. accorderent au Sr Silvy Directeur de la Manufacture de Draps & Camelots du Martigues, dix livres pour chaque piece de Drap ou de Camelot qu'il feroit fabriquer dans sa Manufacture, à condition que la somme qui lui seroit donnée n'excederoit pas quinze cent livres; la difficulté qu'il a trouvé d'avoir des ouvriers, & de mettre jusques à present sa Manufacture à un point de perfection, l'a empêché de pouvoir joüir de la grace que le Pays lui avoit fait, il demande la même grace pour l'avenir, offrant de donner ses marchandises à dix pour cent meilleur marché que les autres.

Deliberation.

Sur quoi l'Assemblée a deliberé qu'il seroit accordé dix livres au Sr Silvy pour chaque piece de Drap & de Camelot qu'il fabriquera dans sa Manufacture, à condition que les pieces de Drap & de Camelot seront de la mesure reglée par les Arrêts du Conseil, & qu'il raportera un Certificat des Consuls du Martigues de la quantité qu'il en aura fait fabriquer, & un du Directeur établi à

Marſcille, pour la qualité & quantité de la Marchandiſe.

Ledit Sieur Aſſeſſeur a dit que les Communautez de Toulon & d'Antibes, demandent qu'il leur ſoit admis dans la liquidation de la dépenſe des troupes, deux places pour chaque Sergent, ſur le pied qu'on le pratique pour les autres Communautez du Pays; ſur quoi il eſt à remarquer que la Communauté d'Antibes a intenté un procès contre le Pays à la Cour des Comptes, qui eſt pendant depuis pluſieurs années, & dont le deputé a pouvoir de ſe departir; cette Communauté demande encore que le logement du Commendant de la place, qui a été reglé à 1200. l. lui ſoit rembourſé lors de la liquidation, ſur le même pied, au lieu que le Pays, par un uſage de tout tems obſervé, n'en rembourſe que trois cent livres, étant à l'Aſſemblée à y deliberer.

Toulon & Antibes.

Sur la demande de deux places aux Sergens dans la liquidation de la dépenſe des troupes.

L'Aſſemblée n'a pas trouvé à propos de ſtatuer ſur la demande de ces deux Communautez, attendu l'uſage obſervé de tous les tems, & les conventions particulieres ſur leſquelles ledit uſage eſt fondé.

Deliberation.

Ledit Sieur Aſſeſſeur a dit que la même Communauté d'Antibes repreſente à l'Aſſemblée que ſon Port eſt preſque entierement comblé; & com-

Antibes.

Sur le curage de ſon Port.

me il eſt abſolument neceſſaire pour le ſervice du Roy, attendu qu'il n'y a pas d'autre retraite pour les Vaiſſeaux & les Galeres de Sa Majeſté, lors qu'ils ſont ſurpris par une tempête dans cette côte; la Communauté demande que l'Aſſemblée en ordonne la dépenſe aux frais du Pays, ſur laquelle propoſition le Seigneur Premier Preſident & Intendant a donné connoiſſance à l'Aſſemblée d'une lettre qu'il a reçû de M. le Comte de Maurepas, Miniſtre de la Marine, qui ſouhaiteroit pour le bien du ſervice de Sa Majeſté, que cette reparation fût faite.

A quoi le Sieur Aſſeſſeur a eu l'honneur de repreſenter que l'uſage du Pays eſt de ne contribuer que pour un tiers aux creuſages des Ports, ce qu'il ne fait même que volontairement, ainſi qu'il a été pratiqué à la Ciotat, à Caſſis & à Toulon; que l'on ſuplie très-humblement Sa Majeſté d'y contribuer pour un autre tiers, ce qui a été juſques à preſent executé; & qu'à l'égard du premier tiers, c'eſt toûjours la Communauté du Lieu où le port eſt ſitué, qui le ſuporte, avec cette condition encore: qu'elle ſe ſoûmet à l'entretien de l'ouvrage pour toûjours. Et après avoir requis le Deputé de la Communauté d'Antibes de declarer s'il a le pouvoir de ſa Communauté de fournir le premier tiers de ce à quoi montera cette dépenſe, & de ſe ſoûmettre à l'entretien de l'ouvrage, après qu'il aura été recepté; ayant repondu qu'il n'en avoit aucun.

Deliberation.

L'Assemblée a renvoyé à statuer sur cette demande lorsque la Communauté d'Antibes aura deliberé sur la fourniture du premier tiers de cette dépense, & qu'elle aura passé sa soûmission d'entretenir l'ouvrage.

Toulon.

Sur la connoissance qui a été prise de l'usage qu'on fait des quatre mille liv. qu'on admet annuellement à cette Communauté, pour le creusage de son Port.

Ledit Sieur Assesseur a dit que les precedentes Assemblées avoient deliberé d'entrer en connoissance de l'usage que fait la Communauté de Toulon de la somme de quatre mille livres que le Pays passe dans la liquidation pour le creusage du Port; qu'en consequence il a examiné les comptes de cette Communauté, sur les extraits que l'on en remet ordinairement aux Archives de la Cour des Comptes; & par le dépoüillement de ces comptes il paroit que la ville de Toulon a tiré de la caisse du Pays, cent douze mille livres; que cependant le tiers de la dépense qu'elle a fait à cette occasion, ne monte qu'à quatre-vingt quatorze mille six cens quatre vingt dix-neuf livres cinq sols sept deniers, & qu'ainsi le Pays a supporté dix-sept mille trois cent livres de plus qu'il ne devoit, & les Communautez de la viguerie ont suporté pour leur sixiéme huit mille six cent cinquante livres sept sols quatre deniers de plus, étant encore à examiner s'il n'y auroit pas lieu de se pourvoir à sa Majesté, pour que le Pays ne contribuât plus à ce creusage, attendu qu'il a été assuré que le port a la profondeur portée par le devis, étant un usage inviolablement observé dans le Pays, de ne point contribuer aux entretiens des curages des Ports, une fois qu'ils ont la profondeur necessaire.

Deliberation. Sur laquelle proposition l'Assemblée a deliberé de venir à compte avec la Communauté de Toulon sur l'emploi des quatre-mille livres; de repeter l'excedent que le Pays aura surpayé, & de se pourvoir à Sa Majesté pour être dechargé du curage du port, attendu que c'est une obligation de la Communauté de Toulon, à l'exemple de toutes celles qui sont dans pareil cas.

Dudit jour 8. Janvier, de relevée.

Pont d'Esparron.

Placet des Entrepreneurs tendant à ce que le Pays ait égard aux cas fortuits qu'ils ont essuyé dans la construction.

LEdit Sieur Assesseur a representé que les Entrepreneurs du pont d'Esparron presentent un placet à l'Assemblée, pour demander que le Pays ait quelque égard à deux cas fortuits quils ont essuyé coup sur coup en construisant ce pont; leur demande paroit très-favorable, car il est vrai de dire qu'ils avoient usé de toute la diligence possible, & ce n'est que par un malheur qui ne pouvoit être prevû, que le pont est tombé par deux differentes fois par les grandes innondations.

L'Assemblée a renvoyé ce placet à Messieurs les Procureurs du Pays, pour examiner ce qu'il y aura à faire.

Deliberation.

Ledit Sieur Assesseur a dit que le Pays n'ayant fait aucune imposition pour soulager les Communautez qui avoient souffert par le ravage des eaux, les grêles & autres cas fortuits, depuis plusieurs Assemblées Messieurs les Procureurs du Pays n'avoient pas trouvé à propos de nommer aucuns Commissaires pour faire raport des dommages aux Communautez qui se sont pourvûës pardevant eux pour raison de ce, attendu que c'étoit les exposer à des frais, dont il n'y avoit aucun espoir pour elles d'être dédommagées: cependant quelques-unes de ces Communautez, qui sont celles de Rians, Simiane lès-Aix, St Paul lès-Vence, St Paul lès-Durance, Cannes, Antibes, Pourrieres, Joucas, Courbon, Seyne & Ubaye, ont fait proceder à des Raports par des Experts ou des Commissaires qu'elles ont pris sur les lieux, & ont envoyé leurs Raports à M. le Controlleur General, qui les a renvoyé à M. le Premier President, qui les a remis à Messieurs les Procureurs du Pays, de quoi il a voulu donner connoissance à l'Assemblée, pour y être statué.

Grêles, innondations & autres cas-fortuits.

Sur laquelle proposition l'Assemblée a deliberé de ne rien statuer, attendu qu'il n'y a point d'im-

Deliberation.

position pour ce fait, & que le mal est trop general dans ce Pays pour pouvoir y aporter quelque remede.

Charretes pour le port des équipages des troupes en route.

Reglement à faire pour éviter les pertes que font les Communautez chargées de cette fourniture.

Ledit Sieur Assesseur a dit, que les Communautez qui sont sur la route du passage des Troupes, sont obligées de leur fournir des charrettes pour porter les équipages, & dont elles ne sont remboursées par les Troupes que sur le pied de vingt sols par collier, & par la Deliberation de l'Assemblée de 1729. il fut ordonné que lors de la liquidation de la depense des Troupes, il leur seroit passé encore vingt sols par collier pour l'indemnité du retour qui ne leur est pas payé par les Troupes; cependant comme les charrettes sont loüées à un plus haut prix, & que la Communauté qui les fournit est toûjours en pure perte d'une partie de ce qu'elle a dépensé à cette occasion, & que d'ailleurs toutes les Communautez de la route n'ayant pas des charrettes, celles du logement precedent sont obligées d'aller plus loin qu'elles ne devroient, les Communautez qui les ont fournies sont constituées en une perte beaucoup plus considerable; sur quoi il seroit à propos de faire un Reglement qui pourvût à ce que les Communautez de Tarascon, d'Aix & de Brignolle qui sont les seules qui soient en état de fournir des charrettes, fussent obligées d'en fournir pour les équipages jusques au lieu de leur destination, étant payées

payées de la depenſe effective qu'elles auroient ſouffert à cet égard par le Pays, ſous la deduction de ce qu'elles auroient reçû des troupes.

Deliberation.

L'Aſſemblée a renvoyé cette propoſition à Meſſieurs les Procureurs du Pays, pour être par eux reglé ce qu'ils jugeront le plus convenable au bien du ſervice.

Le Sieur Moulinneuf. Supreſſion de ſes apointemens.

Le Seigneur Archevêque d'Aix a dit que Meſſieurs les Procureurs du Pays ayant été obligez de faire des cartes, contenant la deſcription des dépenſes qui avoient été faites à l'occaſion de la contagion, ils y employerent le Sr Moulinneuf aux appointemens de deux mille livres par an: depuis que ce travail a été fini, il a joüi des mêmes appointemens, qui ſont aſſez conſiderables pour être une ſurcharge au Pays, étant à l'Aſſemblée à ſtatuer ſi elle veut lui continuer les mêmes appointemens.

Deliberation.

Sur quoy l'Aſſemblée n'a pas trouvé à propos de continuer aud. Sr Moulinneuf les apointemens qu'elle avoit accoûtumé de lui donner; & neanmoins pour lui marquer la ſatisfaction qu'elle a de ſes ſervices, elle a deliberé de lui accorder une gratification, telle que le Seigneur Archevêque trouvera à propos de regler.

Loups.

Ledit Sieur Aſſeſſeur a dit qu'il lui a été remis

Projet ou memoire du Sr de l'Esterel, pour la destruction de ces animaux dãs le Pays.

un memoire par le Sr de Lesterel, pour detruire les loups dans ce Pays, qui consiste à une certaine doze de *nux vomica* avec de la viande hachée: la depense ne seroit tout au plus l'objet que de cinq à six cent livres; on envoyeroit la doze de cette composition à chaque Communauté avec une instruction imprimée, pour que cela fût fait dans un même tems dans tout le Pays: il n'est pas douteux que cela ne produisît un grand avantage au Pays, étant à l'Assemblée à deliberer si elle mettra ce projet à execution.

Deliberation.

Sur quoi l'Assemblée a deliberé de faire imprimer le projet du Sieur de l'Esterel, pour être envoyé dans toutes les Communautez, & être mis en œuvre dans le courant de cette année; & sur les connoissances que l'on pourra avoir à la prochaine Assemblée de l'avantage que l'on en pourra retirer, il y sera statué pour la continuation ou pour le rejet.

Deputation au compte du Pays.

Le Seigneur Archevêque d'Aix a dit que par le Reglement des Etats, il doit être nommé annuellement un Gentilhomme possedant fief, pour assister, de la part de Messieurs de la Noblesse, au compte du Pays, & qu'il doit être choisi du nombre de ceux qui assistent aux Assemblées, étant à celle-ci d'en faire le choix pour le compte de l'année derniere 1732. avec les premiers Consuls des Communautez, à tour de rolle.

Deliberation. Sur quoi l'Assemblée a unanimement choisi & nommé le Sieur Balthasar de Faudran de Laval, Ecuyer, Sr de Taillades, premier Consul & Deputé de la Communauté de Lambesc, pour assister au compte de l'année derniere 1732. avec les premiers Consuls des Communautez de Castellane & Apt, qui se trouveront en exercice lors de l'ouverture dudit compte, auquel assisteront aussi ceux qui ont accoûtumé d'y être par les fonctions de leur charges, suivant le Reglement des Etats.

Franc-Aleu.

Ouvrage de Mr Gensollen pour la défense du Pays, contre le Fermier du Domaine. Ledit Sieur Assesseur a dit que l'Assemblée est deja instruite de l'ouvrage qui a été fait par Mr Gensollen, Avocat, ci-devant Assesseur, au sujet du Franc-Aleu de Provence, qui a été imprimé, & qui doit servir de défense au procès que le Pays a contre le Fermier, au sujet de la Directe universelle, lui paroissant convenable de deliberer de quelle façon doit être payé ce travail.

Deliberation. L'Assemblée, après avoir temoigné la reconnoissance que le Pays doit avoir pour Mr Gensollen qui a travaillé si utilement, & dans une occasion si interessante, a prié le Seigneur Archevêque de regler ses honnoraires.

Ponts & Chemins à reparer. Le Sieur Assesseur a dit qu'il lui a été remis plusieurs Placets pour des reparations de Chemins, & pour la construction de differens Ponts; sur quoi il est obligé de faire remarquer à l'Assemblée que la quantité de ces placets procede de ce que l'on perd de vûë les anciens Reglemens; car par l'Article IX. du Reglement de 1687. il est dit que lorsque les Sieurs Deputez des Communautez demanderont la reparation de quelque chemin, ce ne pourra être qu'en vertu d'une deliberation de la Communauté, & à condition qu'elle se soûmette à perpetuité à l'entretien dudit chemin. En second lieu, comme le montant des reparations qui ont été deliberées, & delivrées ensuite des encheres, excede annuellement la somme imposée pour cette dépense, il est obligé de demander l'aprobation de l'excedent de la dépense qui a été faite au dessus de ce que monte l'imposition, aprés quoi il a fait raport des differens placets par lesquels on demande la construction d'un Pont près de Montferrat, sur le chemin qu'on repare de Draguignan à Saint Bayon; la reparation du Chemin de Tarascon à Avignon, commençant au pont de la Roque, finissant à celui du Paty de Rognonas; celle du Chemin d'Aups à Brignolle; la reparation du chemin d'Annot à Vergons; celui depuis le Labouret jusques à Pontis; le chemin d'Aubagne à Cassis; le pont de Digne; un pont de bois sur la riviere d'Asse; le chemin d'Aix à Vauvenargues; un nouveau pont à la place de celui de Cataveau, entre Lorgues & Carces, sur la riviere de Brest ; le Pont de Rougiers ; celui d'Apt à Sisteron, & d'Aix à Sisteron, passant par Forcalquier ; l'avancement de la Digue qui est pardessus la ville de Guilleaumes ; l'entretien du chemin de Cannes à Grasse, celui de St Ponts à Marseille, & celui d'Antibes à Grasse.

Deliberation.

L'Assemblée, après avoir renouvellé l'execution des Reglemens du Pays, a aprouvé la dépense faite par Messieurs les Procureurs du Pays excedant l'imposition qui avoit été faite à ce sujet ; & à l'égard des placets mentionnez ci-dessus, l'Assemblée les a renvoyé à Messieurs les Procureurs du Pays, pour faire choix des reparations les plus pressées, & surtout sur les grandes routes, & avoir égard à ceux qui ont été deja deliberez par les precedentes Assemblées.

Remboursement de 200000. liv. à compte de la créance du Sieur Tresorier des Etats.

Le Seigneur Archevêque d'Aix a dit, que dans le mois de Septembre dernier, le Sr Tresorier des Etats ayant donné connoissance à Messieurs les Procureurs du Pays, de l'état de la Caisse, & qu'au moyen de la remise de deux cent mille liv. que Sa Majesté avoit la bonté de faire sur le Don gratuit, & la cessation des depenses extraordinaires qui avoient absorbé cette remise les années precedentes, il y avoit un excedent dans la Caisse, dont ils pouvoient disposer à l'usage qu'ils trouveroient à propos. L'attention de Mrs les Procureurs du Pays à liberer le Pays des engagemens considerables qu'il a contracté dans les tems difficiles, les porta à chercher l'emploi le plus utile qu'ils pourroient faire de cet argent; & après avoir examiné les trois differentes sortes de dettes que le Pays avoit contracté; Sçavoir, les constitutions de rente au denier 25. payables dans la Ville d'Aix, les rentes constituées & payables à Paris, par les emprunts faits lors de la Contagion, & la creance de sept cent mille livres que le Sieur Tresorier des Etats a sur le Pays, dont six cent mille livres sont au propre du Sr Gautier, & les cent mille livres restantes au propre du Sr Laugier de Beaurecuëil sa Caution, dont les interêts sont au cinq & trois quarts pour cent; cette derniere espece de dette ayant paru la plus onereuse à Messieurs les Procureurs du Pays, ces derniers prirent une Deliberation le trois du mois de Septembre, par laquelle il est porté que ledit Sr Tresorier retiendroit par ses mains le 15. Octobre d'après ladite somme de deux cent mille livres, à tant moins de sa creance. Cette Deliberation ayant paru rigoureuse au Sr Gautier, & prétendant qu'elle étoit contraire aux pactes de son Bail, par lequel il est dit qu'il ne pourra se rembourser de la somme de sept cent mille liv. à lui dûë pendant le courant de son Bail, à moins que l'Assemblée ne jugeât à propos de lui rembourſer les dernieres cent mille livres qu'il avoit prêté au Pays, la Deliberation de Mrs les Procureurs du Pays a reſté ſans execution : Cependant comme le Sr Treſorier convenoit que l'Aſſemblée pouvoit lui rembourſer cent mille livres qu'il ne pouvoit pas reffuſer, ſuivant le même pacte du Bail qu'il reclamoit en ſa faveur, ſans vouloir entrer en diſcuſſion ſur le droit qu'il préſuppoſe avoir de refuſer les autres cent mille livres, pourvû que les interêts lui en ſoient payez juſques au dernier Decembre de l'année derniere, & que l'Aſſemblée declare qu'il ne pourra être rembourſé des cinq cent mille livres reſtantes, qu'après l'échéance du Bail ; & ſur la difficulté qui lui a été faite de ce que les ſept années de ſon Bail étant expirées, & ne voulant plus continuer l'exercice de la Treſorerie, le Pays n'ayant pas le total de cette ſomme pour le payer au terme expiré, il a convenu qu'alors il ſeroit loiſible au Pays de lui payer entierement ſa creance ; mais que ne le pouvant pas, ledit Sieur Treſorier en ſeroit rembourſé en quatre differens payemens, de cent vingt-cinq mille livres chacun, en quatre années differentes, en diminuant les interêts au fur & à meſure de chaque payement ; étant à deliberer ce qu'il y a à faire ſur cette propoſition.

L'Aſſemblée a unanimément deliberé, que les deux cent mille livres ſeront rembourſées au Sieur *Deliberation.*

Gautier Tresorier des Etats, à compte des sept cent mille livres de sa creance, avec interêts jusques au dernier Decembre passé; & à l'égard des cinq cent mille livres restantes, l'Assemblée declare qu'elles ne pourront lui être remboursées qu'après l'expiration de son Bail, sous l'offre que ledit Sr Gautier a fait, qu'au cas qu'il ne continuât plus l'exercice de la Charge de Tresorier, & que le Pays ne fût pas alors en état, ou ne voulût pas le rembourser, ladite somme sera payable en quatre payemens égaux, de cent vingt-cinq mille liv. chacun, d'année en année, avec interêts, qui diminuëront à proportion des payemens; de laquelle somme le Sr de Beaurecuëil recevra un septiéme.

Du 9. dudit mois de Janvier, du matin.

Penitens bleus de la ville d'Aix.

Chapelle à faire dans le nouveau cimetiere des Supliciez, aux dépens du Pays.

LE Sieur Assesseur a dit, que la Confrerie des Freres Penitens bleus de la Ville d'Aix presente un Placet à l'Assemblée, par lequel on lui represente que dans le Cimetiere où l'on ensevelissoit les Supliciez, il y avoit une Chapelle où les Confreres qui avoient porté la Bierre se reposoient, laquelle Chapelle a été demolie, le Pays ayant payé le sol du nouveau Cimetiere qui a été donné, attendu l'abandon que l'on a fait du premier, il est absolument necessaire, si l'Assemblée le trouve à propos, de faire construire dans le nouveau Cimetiere une Chapelle où les Confreres qui viennent

nent de porter le corps des Suppliciez puissent se reposer, & n'être pas exposez aux injures du tems.

Deliberation.

L'Assemblée a deliberé qu'il sera construit une petite Chapelle dans le nouveau Cimetiere des Supliciez, aux dépens du Pays, sur le Devis qui en sera fait par le Sr Vallon Ingenieur, à condition que la dépense n'excedera pas la somme de quatre cent livres.

Pont de Saint Benoist.

Demande du Sr de la Baume, caution des Entrepreneurs, d'une augmentation d'ouvrage, pour l'indemniser des pertes que lui ont causé les differentes chutes de ce Pont, par des cas fortuits.

Ledit Seigneur Archevêque a dit, que le Sieur de la Baume Rabiers, qui s'étoit rendu caution des Entrepreneurs de la construction du Pont de Saint Benoit, demande au Pays une augmentation d'ouvrage pour pouvoir être indemnisé des pertes qu'il fait dans cette entreprise, attendu les deux differentes chûtes de ce même Pont par des cas fortuits extraordinaires.

Deliberation.

L'Assemblée a renvoyé la connoissance de ce Placet à Messieurs les Procureurs du Pays, pour y statuer ainsi qu'ils trouveront à propos.

Imposition.

Ledit Seigneur Archevêque d'Aix a dit, qu'il est necessaire d'imposer pour tout ce qui a été accordé par cette Assemblée pour le Don gratuit & autres charges indispensables du Pays, sur quoi il croit bon de faire remarquer à l'Assemblée que si elle veut meriter la remise que Sa Majesté a la bonté de lui faire d'une partie du Don gratuit, elle doit s'éforcer pour acquitter une partie des dettes contractées par le Pays en des tems difficiles, étant persuadé que rien ne sera plus capable d'attirer & d'augmenter les faveurs de Sa Majesté, que la bonne administration que l'on fera des deniers du Pays, & des dons que le Roy voudra bien nous faire.

Deliberation. Sur quoi l'Assemblée a deliberé unanimément qu'il sera imposé & mis fonds de la somme de six cent livres pour chaque feu, pour être exigée des Communautez du Pays contribuables à ses charges, aux quatre quartiers de la presente année 1733. dont cinq cent cinquante livres seront employées aux charges courantes, & la somme qui procedera des cinquante livres du surplus, à l'acquittement d'une partie des sommes dûës par le Pays à constitution de rente, & nottemment de celles dont les rentes sont payables à Paris; ensemble tout l'excedent de l'argent de la Caisse, de quelque nature qu'il soit, avec le montant de la remise qu'il plaira à Sa Majesté de faire sur le Don gratuit. Et comme il est necessaire de regler en quels desdits quartiers l'exaction en doit être faite, en observant que lad. somme soit repartie le plus également qu'il se pourra pour en faciliter le payement de la part de particuliers taillables & des Tresoriers des Communautez.

Repartition.

IMPOSITIONS.

L'Assemblée a deliberé que suivant l'imposition faite par les derniers Etats, pour les apointemens de Mgr le Gouverneur & l'entretenement de sa Compagnie des Gardes, il sera exigé la presente année 1733. dix-sept livres par feu, aux quatre quartiers de ladite année également.

Gouverneur.

Pour les apointemens de la Charge de M. le Lieutenant General pour le Roy en ce Pays, & pour ceux de ladite année 1733. il sera exigé six livres par feu, aussi aux quatre quartiers également.

Lieutenant general pour le Roi.

Pour ce que le Pays doit contribuer pour la Compagnie du Sr Prevôt des Marêchaux, il sera exigé suivant l'imposition faite par les derniers Etats, cinq livres par feu, aux quatre quartiers de ladite année également.

Maréchaussée.

Pour les gages des Officiers du Pays, frais des procès, depenses imprevûës, payement des intérêts aux proprietaires des heritages compris dans les fortifications ou Boulangerie de Toulon, Antibes, Seyne & Colmars, nouvel Arcenal des Galeres à Marseille; comme aussi pour l'abonnement des droits sur les Huiles, il sera exigé tren-

Gages des Officiers du Pays, cas inopinez, interêts des heritages occupez par les fortifications des Places de Provence, & abonnement des droits sur les Huiles.

te livres par feu; Sçavoir, neuf livres cinq sols au present quartier de Janvier, Fevrier & Mars; sept livres dix sols à celui d'Avril, May & Juin; sept livres à celui de Juillet, Août & Septembre; & six livres cinq sols à celui d'Octobre, Novembre & Decembre suivans.

Rentes ou pensions.

Pour les rentes ou pensions constituées sur le Pays, des sommes capitales par lui empruntées, il sera levé cent trente-huit livres par feu; Sçavoir, quarante-une livre dix sols au present quartier de Janvier, Fevrier & Mars; vingt-huit livres à celui d'Avril, May & Juin; trente trois livres dix sols à celui de Juillet, Août & Septembre, & trente-cinq livres à celui d'Octobre, Novembre & Decembre suivans.

Compensation des Tailles.

Pour la compensation des tailles de Messieurs les Officiers des deux Cours, du Parlement & des Comptes, il sera exigé suivant l'imposition faite par les derniers Etats, vingt-cinq sols par feu au quartier de Novembre de la presente année.

Don gratuit.

Pour subvenir au payement de la somme de sept cent mille livres, accordée au Roy pour le Don gratuit de ladite presente année, l'Assemblée a imposé deux-cent trente-cinq livres par feu, exigibles, sçavoir; soixante sept livres au quartier courant de Janvier, Fevrier & Mars, & cinquante six livres à chacun des trois autres quartiers de May, Août & Novembre suivans.

Pour le payement des Trente-cinq mille livres de l'abonnement des droits d'Albergue, Cavalcade, Direéte universelle, & autres vieux droits, il a été imposé douze livres par feu, exigibles aux quatre quartiers de la presente année également.

Vieux droits.

Pour payer les deux mille livres des saisies réelles, & pour l'augmentation des gages des Maîtres des Postes, leur tenant lieu d'indemnité des Tailles, il sera exigé deux livres par feu, au prochain quartier d'Avril, May & Juin.

Commissaire aux saisies réelles, & Maîtres des Postes.

Pour le rembsement de la depense des Troupes d'Infanterie, Cavalerie & Dragons en route ou en quartier dans le Pays l'année derniere; comme aussi pour payer les Fastigages & Ustenciles des Garnisons établies à Toulon, Antibes & autres Villes, & encore pour la solde, frais d'assemblée & autres depenses du Bataillon de Milice de Provence, & la subsistance particuliere des Compagnies de Cadets, il sera exigé soixante-douze livres par feu, aux trois derniers quartiers de la presente, également.

Dépense des Troupes, solde de la Milice & subsistance des Compagnies de Cadets.

Pour les frais de la reddition du Compte du Pays en la Chambre des Comptes, il sera exigé

Frais du compte.

ſix livres par feu aux quatre quartiers de lad. preſente année, également.

Ponts & Chemins.

Pour la reparation des ponts & chemins dans le Pays, il ſera exigé treize livres par feu, ſçavoir; trois livres à chacun des deux premiers quartiers de la preſente année, & trois livres dix ſols à chacun des deux autres quartiers de ladite année.

Frais de l'Aſſemblée.

Pour payer les frais de cette Aſſemblée, il ſera exigé douze livres quinze ſols par feu, au preſent quartier de Janvier, Fevrier & Mars.

Rembourſement d'une partie des ſommes dûës à conſtitution de rente.

Pour le payement d'une partie des ſommes dûës par le Pays, à conſtitution de rente, & principalement de celles dont les rentes ſont payables à Paris, l'Aſſemblée a impoſé cinquante livres par feu, exigibles; ſçavoir, huit livres au preſent quartier de Janvier, Fevrier & Mars; douze livres à celui d'Avril, Mai & Juin; quinze livres dix ſols à celui de Juillet, Août & Septembre, & quatorze livres dix ſols à celui d'Octobre, Novembre & Decembre ſuivans.

Total des Impoſitions.

Toutes leſquelles impoſitions mentionnées ci-deſſus, reviennent à ladite ſomme de ſix cent livres par feu dont l'exaction ſera faite par le Sieur Gautier, Treſorier des Etats; ſçavoir, cent cinquante trois livres au quartier de Janvier, Fevrier

Détail des quartiers.

& Mars, cent quarante-quatre livres à celui d'Avril, May & Juin, cent cinquante-une liv. à celui de Juillet, Août & Septembre, & cent cinquante-deux livres à celui d'Octobre, Novembre & Decembre, le tout de la presente année.

Ledit Sr Assesseur a dit, qu'il n'a plus aucune proposition à faire à l'Assemblée, & a requis la publication du procès verbal qui en a été dressé, lequel a été lû & publié l'Assemblée séant, & a remercié ledit Seigneur Premier President & Intendant au nom de l'Assemblée, des bons offices qu'il a rendu au Pays dans toutes les occasions qui se sont presentées, & particulierement durant la séance de l'Assemblée.

Fait & publié à Lambesc le 9. Janvier 1733.

De tout ce que dessus, il apert dans les Registres du Greffe des Etats de Provence, ausquels Nous Soussignez Greffiers desdits Etats nous raportons.

MORICAUD *Greffier*, DEREGINA *Greffier*.

BIBLIOTHÈQUE ROYALE

TABLE.

A

B

Barbentane.

C

D

F

G

H

I

L

M

N

O

P

R

S

BIBLIOTHEQUE ROYALE

T

V

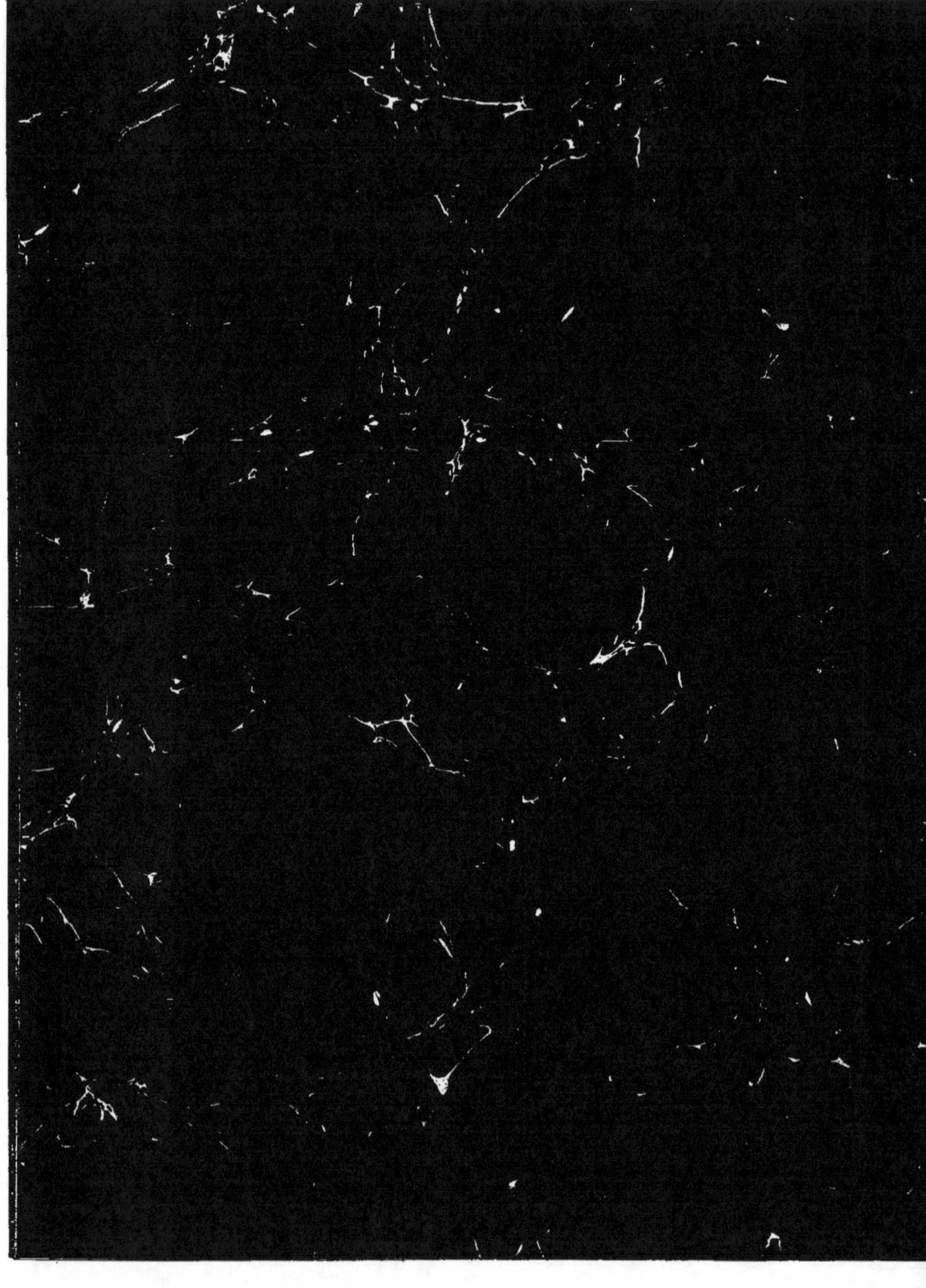

BIBLIOTHEQUE NATIONALE DE FRANCE
3 7531 04426315 1

www.ingramcontent.com/pod-product-compliance
Lightning Source LLC
LaVergne TN
LVHW020407230826
846091LV00004B/1177